佛山市城市轨道交通工程投资估算指标

佛山市建设工程造价服务中心
佛山市铁路投资建设集团有限公司　主编
佛山轨道交通设计研究院有限公司

中国建筑工业出版社

图书在版编目（CIP）数据

佛山市城市轨道交通工程投资估算指标 ／ 佛山市建设工程造价服务中心，佛山市铁路投资建设集团有限公司，佛山轨道交通设计研究院有限公司主编 . —北京：中国建筑工业出版社，2022.7

ISBN 978-7-112-27489-5

Ⅰ.①佛… Ⅱ.①佛…②佛…③佛… Ⅲ.①城市铁路—铁路工程—工程造价—估算方法—佛山 Ⅳ.①U239.5

中国版本图书馆CIP数据核字（2022）第097423号

责任编辑：刘颖超 石枫华
责任校对：王 烨

佛山市城市轨道交通工程投资估算指标

佛山市建设工程造价服务中心
佛山市铁路投资建设集团有限公司 主编
佛山轨道交通设计研究院有限公司
*
中国建筑工业出版社出版、发行（北京海淀三里河路9号）
各地新华书店、建筑书店经销
北京点击世代文化传媒有限公司制版
北京市密东印刷有限公司印刷
*
开本：787毫米×1092毫米 1/16 印张：5½ 字数：85千字
2022年7月第一版 2022年7月第一次印刷
定价：**60.00** 元
ISBN 978-7-112-27489-5
（39546）

编委会 ◆◆◆

序

工程造价是工程建设管理的三大核心要素之一。随着建筑业"放管服"和"完善社会主义市场经济体制"改革的持续深化以及"数字中国""一带一路"和粤港澳大湾区融合的建设发展，工程造价信息化、市场化、法制化、国际化的改革已迫在眉睫。2020 年 7 月 24 日，住房和城乡建设部印发了《工程造价改革工作方案》，明确了造价改革的 5 大任务，尤其是明确提出"取消最高投标限价按定额计价的规定，逐步停止发布预算定额"，引发了工程业界人士热议。

广东省是全国 5 个工程造价改革试点省份之一，四十多年改革发展和工程建设的成果得益于政府大力引导和培育的市场主体蓬勃发展，得益于敢为人先、敢闯敢试的改革基因。2021 年 7 月 6 日，广东省住房和城乡建设厅颁布了《广东省工程造价改革试点工作实施方案》，正式奏响了广东省工程造价改革的序曲，标志着广东省在全面贯彻工程造价改革决策部署和推进落实广东省造价改革试点任务方面迈出了坚实的第一步。

佛山市是广东省改革开放的核心地带和粤港澳大湾区的重要节点城市。长期以来，佛山市工程造价服务中心等单位发扬开拓创新、敢闯敢试的精神，全力推进造价指标指数计价体系研究。他们调动行业内专业技术力量，部署造价专家团队，通过建立工程造价数据库和利用大数据等信息化技术，探索研究各类专业工程造价指标，满足造价市场化改革的需要。近期推出的《佛山市城市轨道交通工程投资估算指标》就是一个很好的例子。

本书结合佛山市在建城市轨道交通工程项目佛山地铁二号线一期、三号线、四号线和广州地铁七号线西延顺德段等造价案例数据，通过结构化处理，统一计算方式、计价标准等，利用已建和在建线路工程造价数据库和大数据等信息化技术，汇总编制而成。通过对城市轨道交通工程投资估算指标格式的研究，整理造价数据库案例数据，分析测算和统计整理轨道交通工程各专业模块的造价指标，并予以验算确定。在完成估算指标的基础上，本书进一步总结规律，创新性地提出了造价指标调价模型。该调价模型结构简捷，适应性强，为不同时期投资估算指标的换算提供了动态调整方法，为项目前期编制投资估算、方案研究、设计优化等提供了十分便利的解决途径。

本书研究探索的一套可复制、可推广的投资估算指标编制方法意义重大，可为全省轨道交通工程造价的改革和发展起到示范、引领和借鉴作用，也为后期进一步完善和规范轨道交通工程多层级造价指标体系奠定了坚实的基础。

广东省建设工程标准定额站站长 黄守新

2022 年 5 月

前言 ◆◆

根据 2016 年发布的《建设工程定额体系框架》，目前城市轨道交通工程缺乏前期阶段的投资估算指标或定额计价依据。2021 年开始，佛山市进入第二轮地铁建设高峰期，各管理阶段需要掌握相关工程造价指标并进行快速估价，便于方案比选。同时，契合国家造价改革要求，根据《住房和城乡建设部办公厅关于印发工程造价改革工作方案的通知》（建办标〔2020〕38 号）"建立国有资金投资的工程造价数据库，按地区、工程类型、建筑结构等分类发布人工、材料、项目等造价指标指数。"的精神，佛山市造价管理机构组织建设单位，协同设计单位有关技术人员开展地铁估算指标研究工作。

本书系统地梳理了城市轨道交通工程不同造价管理阶段清单开项，建立了多层级指标清单体系，用于规范、指导各阶段造价指标的标准化管理，为造价数据库数字化发展做好顶层设计。同时通过整理分析佛山既有在建线路的造价数据，选择样本转换成《广东省城市轨道交通定额》（2018），统一回归至最新的轨道定额及取费基准，建立了一套可用于指导估算、方案比选的估算指标。

本书具有三个创新点：

一是依托《城市轨道交通工程设计概算编制办法》首次建立了一套适用于轨道交通工程系统、规范的多层级指标清单，为地铁工程后续各阶段指标的建立奠定了基础。

二是首次编制了不同层级的指标，有综合指标、分部指标和专项指标，根据不同的需求选择不同层级的造价指标。尤其是根据项目履行情况，把相应的加固措施与项目本体工程进行了剥离，便于指标的分析和对比应用。

三是初步建立了一种车站、区间动态应用模型。利用分析不同类别的车站和区间基准期指标，人工、钢筋、混凝土占造价的权重，编制期与指标之间的涨跌幅系数，从而测算编制期的造价，通过这个模型可以快速合理地确定相应车站和区间的造价。

由于样本数据有限性以及编制水平的局限性，书中存在不妥或错漏之处，敬请专家、同仁批评指正。

编者

2022 年 4 月

目录 ◆◆◆

一、总说明

　　为佛山市轨道交通工程前期编制项目建议书和可行性研究报告投资估算、多方案比选和优化设计提供重要依据，加强项目前期造价管理，合理确定工程投资、提高投资估算精度和方案比选的合理性，特编制《佛山市城市轨道交通工程投资估算指标》（以下简称"本指标"）。

　　本指标适用于新建、扩建的佛山市城市轨道交通工程。

　　本指标适用于佛山市新建轨道交通建设规划阶段、可行性研究阶段编制投资估算，为项目多方案比选、优化设计、开展项目前期评价、控制初步设计概算、限额设计等提供参考。

（一）本指标的编制依据

　　1.《城市轨道交通工程设计概算编制办法》（建标〔2017〕89 号）

　　2.《地铁设计规范》（GB 50157—2013）

　　3.《广东省城市轨道交通工程综合定额》（2018）

　　4.《广东省建设工程计价依据》（2018）

　　5.现行的设计、施工验收规范，行业相关计价依据。

（二）本指标编制范围

　　由建筑、安装和设备购置费组成的工程费用，工程建设其他费用、预备费和专项费用。

1.工程费用

　　内容包含车站、区间、轨道、通信、信号、供电、综合监控、火灾自动报警、环境与设备监控、安防与门禁、通风空调与供暖、给水排水及消防、自动售检票系统、站内客运设备及站台门、车辆基地、人防等。

2. 工程建设其他费用

（1）前期工程费：土地征用及补偿费、临时占地费、建（构）筑物拆迁补偿费、树木及绿化赔偿费、道路恢复费、管线迁改费、交通疏解费等。

（2）其他费用：场地准备费、项目建设管理费、建设工程监理及相关服务费、招标代理费、前期工作费、研究试验费、勘察设计费、咨询费、引进技术及引进设备其他费、综合联调及试运行费、城市基础设施配套费、生产准备及开办费、工程保险费、安全生产保障费、施工图审查费及辅助配合费等。

3. 预备费

基本预备费和价差预备费。

4. 专项费用

车辆购置费、建设期贷款利息和铺底流动资金。

（三）工程费用指标

分为综合指标、分部指标和专项指标，使用时可以根据项目具体情况选择适当的指标组合。工程费用指标均为含增值税的全费用指标，建筑安装费增值税销项税率按 9% 计列，设备购置费增值税销项税率按 13% 计列。

（四）工程建设其他费用、预备费及专项费用

可根据总造价构成比例进行测算或根据国家、省市的相关编制办法进行计算。

本指标是按正常施工条件，合理的施工工期、采用绿色施工标准的施工为基础测算的成果，反映本市平均水平。

本指标基期水平为佛山市 2021 年一季度水平，实际使用时车站、区间可参照指标应用模型进行估算，其他专业可参考本指标估列。

二、城市轨道交通工程造价构成

（一）总造价构成及权重

轨道交通造价组成及权重如图 2.1 所示。

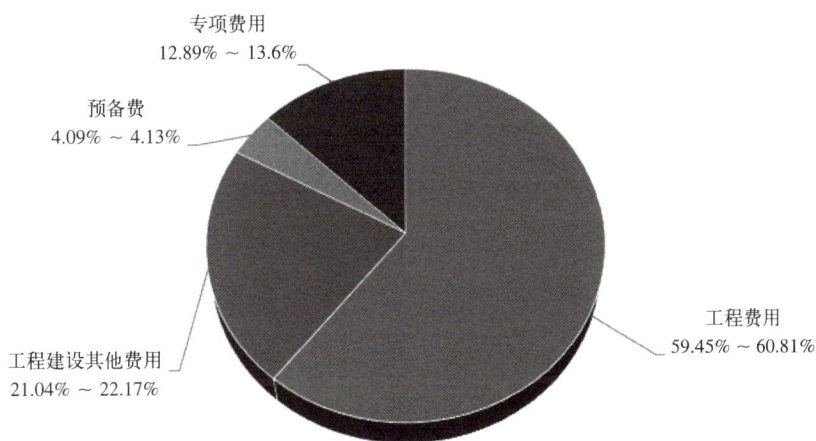

专项费用
12.89% ～ 13.6%

预备费
4.09% ～ 4.13%

工程建设其他费用
21.04% ～ 22.17%

工程费用
59.45% ～ 60.81%

图 2.1　轨道交通造价组成及权重

（二）各模块造价构成及权重

各模块占总造价权重如图 2.2 所示。各模块占第一部分工程费权重如图 2.3 所示。

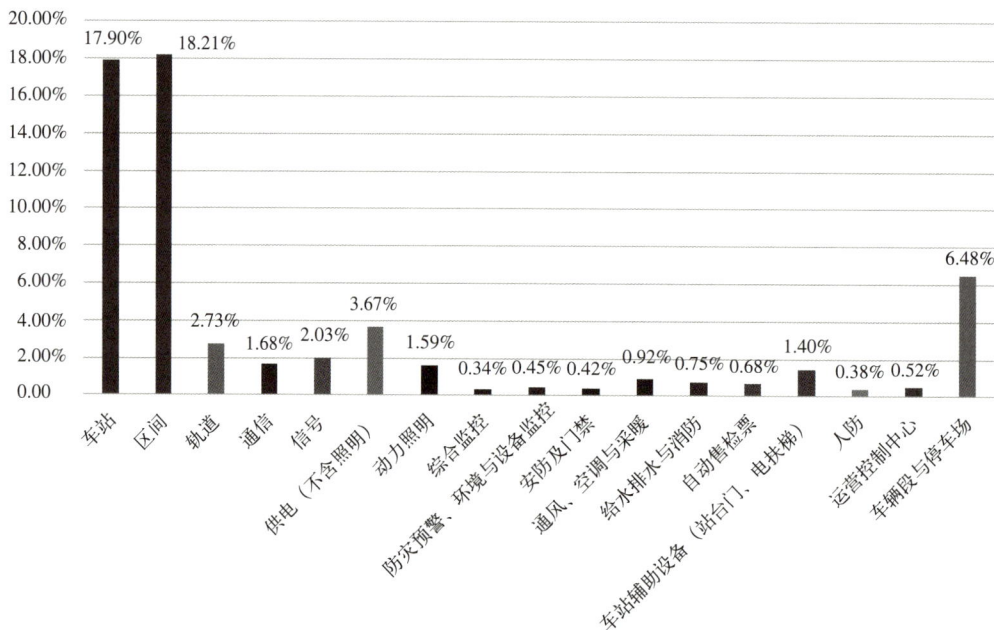

图2.2　各模块占总造价权重

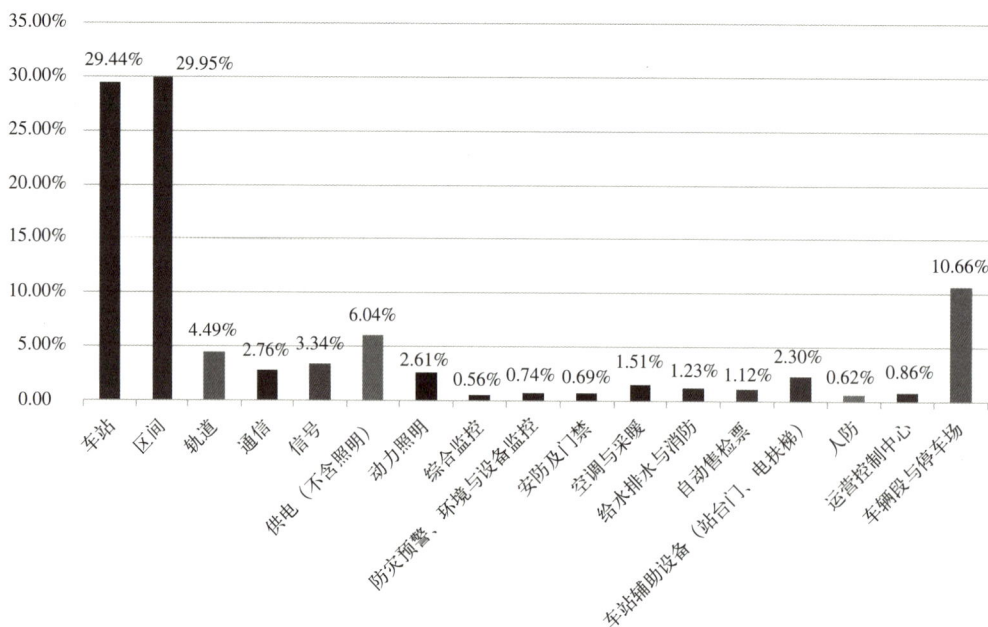

图2.3　各模块占第一部分工程费权重

三、工程费用指标范围及层级划分

（一）指标范围

本指标包含车站、区间、轨道、通信、信号、供电、综合监控、火灾自动报警、环境与设备监控、安防与门禁、通风空调与供暖、给水排水与消防、自动售检票系统、站内客运设备、车辆基地、人防工程等。

（二）指标层级划分

根据轨道交通工程基本建设程序投资估算阶段应用场景，划分不同层级和规则，详见表3.1。

指标层级划分及规则表   表 3.1

编码	工程及费用名称	指标层级	单位	备注
1	第一部分 工程费用	0	正线公里	
1.1	车站	1	正线公里	包括车站两端折返线、停车线、渡线、存车线等，不含加固和保护措施费
1.1.1	地下车站	2	m²	总建筑面积
1.1.1.1	一、车站主体	3	m²	主体建筑面积
1.1.1.2	二、出入口通道	3	m²	含换乘通道
1.1.1.3	三、风道、风井	3	m²	规则与车站主体一致
1.1.1.4	四、施工监测	3	m²	总建筑面积
1.1.1.5	五、车站装修	3	m²	总装修面积

续表

编码	工程及费用名称	指标层级	单位	备注
1.1.1.6	六、车站附属设施	3	站	
1.1.1.7	七、施工围蔽	3	m	围蔽长度
1.1.2	高架车站	2	m²	总建筑面积
1.1.2.1	一、桥梁结构	3	m²	桥梁结构建筑面积
1.1.2.2	二、车站房屋	3	m²	车站房屋建筑面积
1.1.2.3	三、人行天桥	3	m²	人行天桥水平投影面积
1.1.2.4	四、施工监测	3	m²	车站总建筑面积
1.1.2.5	五、建筑装修	3	m²	车站总建筑面积
1.1.2.6	六、车站附属设施	3	站	
1.1.2.7	七、施工围蔽	3	m	围蔽长度
1.2	区间	1	正线公里	包含区间主体、附属、施工监测
1.2.1	地下区间	2	正线公里	区间长度
1.2.1.1	一、盾构法	3	双延米	区间长度
1.2.1.1.1	（一）区间主体	4	双延米	区间长度
1.2.1.1.2	（二）联络通道及废水泵房	4	延长米	
1.2.1.1.3	（三）区间风井、盾构井、跟随所（长×宽×深）	4	座	
1.2.1.1.4	（四）施工监测	4	双延米	区间长度
1.2.1.1.5	（五）施工围蔽	4	m	围蔽长度
1.2.1.2	二、明挖法	3	双延米	区间长度
1.2.1.2.1	（一）区间主体	4	m²	区间主体建筑面积
1.2.1.2.2	（二）区间风井、跟随所	4	座	
1.2.1.2.3	（三）施工监测	4	双延米	区间长度
1.2.1.2.4	（四）施工围蔽	4	m	围蔽长度
1.2.1.3	三、疏散平台	2	m²	平台水平投影面积
1.2.2	高架区间	2	双延米	区间长度
1.2.2.1	一、单线桥	3	m²	桥梁顶板底面水平投影面积
1.2.2.1.1	（一）单线移动模架简支梁	4	m²	桥梁顶板底面水平投影面积

编码	工程及费用名称	指标层级	单位	备注
1.2.2.2	二、双线桥	3	m²	桥梁顶板底面水平投影面积
1.2.2.2.1	（一）双线移动模架简支梁	4	m²	桥梁顶板底面水平投影面积
1.2.2.2.2	（二）双线连续梁	4	m²	桥梁顶板底面水平投影面积
1.2.2.5	五、施工围蔽	3	m	围蔽长度
1.2.2.6	六、噪声防护	2	m²	防护面积
1.2.3	特殊段区间 - 出入段场线	2	双延米	
1.3	轨道	1	正线公里	
1.3.1	正线	2	铺轨公里	
1.3.1.1	（一）地下段	3	铺轨公里	
1.3.1.1.1	1. 铺轨及道床	4	铺轨公里	
1.3.1.1.2	2. 铺道岔	4	组	
1.3.1.2	（二）高架段	3	铺轨公里	
1.3.1.2.1	1. 铺轨及道床	4	铺轨公里	
1.3.1.2.2	2. 铺道岔	4	组	
1.3.1.3	（三）辅助线及联络线	3	铺轨公里	
1.3.1.3.1	1. 铺轨及道床	4	铺轨公里	
1.3.2	车辆基地	2	铺轨公里	
1.3.2.1	一、铺轨及道床	3	铺轨公里	
1.3.2.2	二、铺道岔	3	组	
1.3.2.2.1	（一）单开道岔	4	组	
1.3.2.2.2	（二）特种道岔	4	组	
1.3.3	线路有关工程	2	正线公里	
1.3.3.1	一、有关工程	3	铺轨公里	
1.3.3.2	二、线路备料	3	铺轨公里	
1.3.3.3	三、铺轨基地	3	处	
1.4	通信	1	正线公里	
1.4.1	一、专用通信系统	2	正线公里	

续表

编码	工程及费用名称	指标层级	单位	备注
1.4.1.1	（一）传输系统	3	正线公里	
1.4.1.2	（二）无线通信系统	3	正线公里	
1.4.1.3	（三）公务电话系统	3	正线公里	
1.4.1.4	（四）专用电话系统	3	正线公里	
1.4.1.5	（五）视频监视系统	3	正线公里	
1.4.1.6	（六）广播系统	3	正线公里	
1.4.1.7	（七）时钟系统	3	正线公里	
1.4.1.8	（八）办公自动化系统	3	正线公里	
1.4.1.9	（九）电源系统及接地	3	正线公里	
1.4.1.10	（十）集中告警系统	3	正线公里	
1.4.1.11	（十一）乘客信息系统（PIS）	3	正线公里	
1.4.1.12	（十二）其他	3	正线公里	
1.4.2	二、公安通信系统	2	正线公里	
1.4.2.1	（一）公安视频监视系统	3	正线公里	
1.4.2.2	（二）公安无线通信引入系统	3	正线公里	
1.4.2.3	（三）公安数据网络	3	正线公里	
1.4.2.4	（四）公安电源系统	3	正线公里	
1.4.2.5	（五）其他	3	正线公里	
1.5	信号	1	正线公里	
1.5.1	一、正线	2	正线公里	
1.5.2	二、运营控制中心	2	处	
1.5.3	三、车辆段	2	联锁道岔	
1.5.4	四、停车场	2	联锁道岔	
1.5.5	五、试车线	2	条	
1.5.6	六、车载设备	2	列	
1.5.7	七、维修与培训中心	2	处	
1.6	供电	1	正线公里	

编码	工程及费用名称	指标层级	单位	备注
1.6.1	主变电站	2	座	
1.6.1.1	一、主变电站	3	座	
1.6.1.1.1	（一）主变电站房屋	4	m²	
1.6.1.1.2	（二）110kV 变电工程	4	座	
1.6.1.1.3	（三）110kV 间隔工程	4	座	
1.6.1.2	二、电力进线	3	正线公里	
1.6.1.2.1	（一）110kV 输电线路	4	正线公里	
1.6.1.2.2	（二）110kV 架空线路	4	正线公里	
1.6.1.3	三、配套通信工程	3	座	
1.6.2	变电所	2	座	
1.6.2.1	一、正线牵引所	3	座	
1.6.2.2	二、车辆段牵引所	3	座	
1.6.2.3	三、停车场牵引所	3	座	
1.6.2.4	四、能量回馈装置	3	套	
1.6.2.5	五、降压所	3	座	
1.6.2.6	六、跟随所	3	座	
1.6.3	环网电缆	2	正线公里	
1.6.3.1	一、环网电缆	3	条公里	
1.6.4	牵引网（接触轨）	2	正线公里	
1.6.4.1	一、地下段	3	条公里	
1.6.4.2	二、地面和高架	3	条公里	
1.6.4.3	三、车辆段	3	条公里	
1.6.4.4	四、停车场	3	条公里	
1.6.5	电力监控（SCADA）	2	正线公里	
1.6.6	杂散电流防护与接地系统	2	正线公里	
1.6.7	供电车间及其他系统	2	座	
1.6.8	动力与照明	2	正线公里	

编码	工程及费用名称	指标层级	单位	备注
1.6.8.1	一、高架车站	3	m²	总建筑面积
1.6.8.2	二、地下车站	3	m²	总建筑面积
1.6.8.3	三、区间	3	正线公里	
1.7	综合监控（ISCS）	1	站	
1.7.1	一、车站	2	站	
1.7.2	二、运营控制中心	2	处	
1.7.3	三、车辆段	2	处	
1.7.4	四、停车场	2	处	
1.8	火灾自动报警、环境与设备监控	1	站	
1.8.1	火灾自动报警（FAS）	2	站	
1.8.1.1	一、车站	3	站	
1.8.1.2	二、运营控制中心	3	处	
1.8.1.3	三、车辆段	3	处	
1.8.1.4	四、停车场	3	处	
1.8.1.5	五、主变电站	3	处	
1.8.1.6	六、变电所	3	处	
1.8.2	环境与设备监控（BAS）	2	站	
1.8.2.1	一、车站	3	站	
1.8.2.2	二、运营控制中心	3	处	
1.8.2.3	三、车辆段	3	处	
1.8.2.4	四、停车场	3	处	
1.9	安防与门禁	1	正线公里	
1.9.1	一、安防系统	2	站	
1.9.1.1	（一）安防集成系统	3	站	
1.9.1.2	（二）视频监控子系统	3	站	
1.9.1.3	（三）车站安检系统	3	站	

续表

编码	工程及费用名称	指标层级	单位	备注
1.9.1.4	（四）入侵报警系统	3	处	
1.9.1.5	（五）电子巡更系统	3	处	
1.9.1.6	（六）机动车管理系统	3	处	
1.9.2	二、门禁系统（ACS）	2	站	
1.9.2.1	（一）车站	3	站	
1.9.2.2	（二）运营控制中心	3	处	
1.9.2.3	（三）车辆段	3	处	
1.9.2.4	（四）停车场	3	处	
1.9.2.5	（五）主变电站	3	处	
1.9.2.6	（六）变电所	3	处	
1.10	通风、空调与供暖	1	正线公里	
1.10.1	一、车站	2	站	
1.10.1.1	（一）高架车站	3	m^2	总建筑面积
1.10.1.2	（二）地下车站	3	m^2	总建筑面积
1.10.2	二、区间	2	正线公里	
1.11	给水排水与消防	1	正线公里	
1.11.1	车站给水排水与消防	2	站	
1.11.1.1	一、高架车站	3	m^2	总建筑面积
1.11.1.1.1	（一）车站给水排水与消防	4	m^2	总建筑面积
1.11.1.1.2	（二）市政管网接驳	4	站	
1.11.1.2	二、地下车站	3	m^2	总建筑面积
1.11.1.2.1	（一）车站给水排水与消防	4	m^2	总建筑面积
1.11.1.2.2	（二）市政管网接驳	4	站	
1.11.1.3	三、自动灭火系统	3	站	
1.11.2	区间给水排水与消防	2	正线公里	
1.12	自动售检票	1	站	
1.12.1	一、车站	2	站	
1.12.2	二、运营控制中心	2	处	

续表

编码	工程及费用名称	指标层级	单位	备注
1.12.3	三、清分系统	2	项	
1.13	站内客运设备、站台门	1	正线公里	
1.13.1	站内客运设备	2	正线公里	
1.13.1.1	一、自动扶梯	3	部	
1.13.1.2	二、电梯	3	部	
1.13.1.3	三、自动人行道	3	部	
1.13.2	站台门	2	站	
1.13.2.1	一、站台门	3	门体单元	
1.14	运营控制中心	1	正线公里	
1.15	车辆基地	1	正线公里	
1.15.1	一、车辆段与停车场	2	座	
1.15.1.1	(一)生产及办公房屋	3	m²	房屋总建筑面积
1.15.1.1.1	1.建筑与装饰	4	m²	
1.15.1.1.2	2.动力与照明	4	m²	
1.15.1.1.3	3.通风、空调与供暖	4	m²	
1.15.1.1.4	4.给水排水与消防	4	m²	
1.15.1.1.5	5.电梯	4	部	
1.15.1.2	(二)工艺设备	3	项	
1.15.1.2.1	1.定修车辆段常规设备	4	项	
1.15.1.2.2	2.停车场常规设备	4	项	
1.15.1.2.3	3.特殊设备	4	台	
1.15.1.3	(三)附属工程	3	项	
1.15.1.3.1	1.检查坑	4	项	
1.15.1.3.2	2.地基处理	4	项	
1.15.1.3.3	3.边坡加固与防护	4	项	
1.15.1.3.4	4.土石方	4	m³	
1.15.1.3.5	5.场区道路	4	m²	道路水平投影面积

续表

编码	工程及费用名称	指标层级	单位	备注
1.15.1.3.6	6. 桥梁（人行天桥）	4	m²	桥梁水平投影面积
1.15.1.3.7	7. 涵洞	4	横延米 /m²	
1.15.1.3.8	8. 室外综合管线	4	项	
1.15.1.3.9	9. 场区绿化	4	m²	
1.15.1.3.10	10. 其他	4	项	
1.16	人防工程	1	正线公里	
1.16.1	一、人防门	2	站	
1.16.2	二、防淹门	2	扇	

（三）指标应用模型

1. 应用模型

通过对车站和区间土建工程造价影响重大的要素进行研究分析，采用权重分析法，建立应用模型。

权重分析法是利用车站、区间造价构成要素权重，再根据对应的因素涨（跌）幅度进行分析，得出可调总造价的估算方法。

（1）车站综合指标应用模型

本模型考虑对车站指标影响较大的三种要素（人工、钢筋、混凝土）进行分析，建立模型，见式（3-1）。

$$ZZJ = P_0 \left(1 + \Delta_1 f_1 \xi_1 + \Delta_2 f_2 \xi_2 + \Delta_3 f_3 \xi_2 \right) S \tag{3-1}$$

式中　P_0——车站综合指标，万元 /m²；

　　　Δ_1——人工单价涨（跌）幅，%；

　　　f_1——人工费占总造价权重，%；

　　　ξ_1——人工费调价系数，值为 1.5556；

　　　ξ_2——材料费调价系数，值为 1.3014；

　　　Δ_2——钢筋单价涨（跌）幅，%；

f_2——钢筋总费用占总造价权重，%；

Δ_3——混凝土单价涨（跌）幅，%；

f_3——混凝土总费用占总造价权重，%；

S——拟建项目总建筑面积，m^2；

ZZJ——拟建项目总造价，万元。

（2）区间综合指标应用模型

本模型考虑对区间指标影响较大的三种要素（人工、钢筋、混凝土）进行分析，建立模型，见式（3-2）。

$$ZZJ = P'_0 \left(1 + \Delta_1 f'_1 \xi_1 + \Delta_2 f'_2 \xi_2 + \Delta_3 f'_3 \xi_2\right) L \qquad (3-2)$$

式中　P'_0——区间综合指标，万元每双/单延米；

Δ_1——人工单价涨（跌）幅，%；

f'_1——人工费占总造价权重，%；

ξ_1——人工费调价系数，高架区间、明挖区间值为 1.5556，盾构区间值为 1.4815；

ξ_2——材料费调价系数，高架区间、明挖区间值为 1.3014，盾构区间值为 1.2514；

Δ_2——钢筋单价涨（跌）幅，%；

f'_2——钢筋总费用占总造价权重，%；

Δ_3——混凝土单价涨（跌）幅，%；

f'_3——混凝土总费用占总造价权重，%；

L——拟建项目长度双/单延米；

ZZJ——拟建项目总造价，万元。

2. 各要素权重

指标应用模型需配合指标权重表数据才可以进行调价，各种类型的车站、区间权重表详见附录二。

四、工程费用指标

（一）综合指标

1. 指标说明

（1）综合指标为工程实体全费用指标，不含建（构）筑物保护及加固措施费。实际发生建（构）筑物保护及加固时，可根据专项指标及相关依据进行估列。

（2）建筑安装指标包含人工费、材料费、机械费、管理费、利润、规费和增值税销项税额等全费用指标。

（3）设备购置费由设备原价和设备运杂费组成。设备运杂费指除设备原价之外的设备采购、运输、包装及仓库保管等方面支出费用的总和。设备原价需包含备品备件费，其中备品备件费按设备原价（不含软件费）的 5% 计列。

（4）如表 4.1 所示，综合指标表包含车站、区间到人防工程组成的工程费用，表 4.2 和表 4.3 是对表 4.1 综合指标表中车站、区间两个专业各类型的细化。

（5）其他编制说明

1）余泥渣土外弃运距统一按 18km，回填土运距按 10km，不考虑回填土资源费用。

2）钢支撑、钢板桩、钢围檩按租赁考虑，租赁价格按 300 元 /（t·月）计算。车站主体租赁期按 6 个月考虑，明挖区间主体租赁期按 4 个月考虑，出入口等附属租赁期按 3 个月考虑。

3）明挖结构降水时间：地下车站主体按 180d，明挖区间 120d，附属 90d。

4）本指标主要是对佛山市既有在建地铁线路佛山地铁二号线、三号线、四号线及广州地铁七号线西延顺德段的数据进行统计，综合分析测算。

2. 综合指标表

综合指标表　　　　　　　　　　　　　　　表 4.1

编码	工程及费用名称	指标层级	单位	综合指标（万元 / 单位）	备注
1	第一部分 工程费用	0	正线公里		
1.1	车站	1	正线公里		主体结构、附属结构、施工监测、降水；车站装修、附属设施包括标识导向、站内外附属设施（包括站前广场、自行车停车场、环保绿化）
1.1.1	地下车站	2	m²	1.626 ～ 1.834	明挖法
1.1.2	高架车站	2	m²	0.875 ～ 0.984	桥建合一
1.2	区间	1	正线公里		区间实体工程，不含措施
1.2.1	地下区间	2	正线公里		
1.2.1.1	一、盾构法	3	双延米	12.192 ～ 17.045	含区间主体、联络通道及泵房、监测
1.2.1.2	二、明挖法	3	双延米	26.065 ～ 30.072	高架至盾构过渡段，双洞双线
1.2.2	高架区间	2	双延米	7.115 ～ 9.035	单线桥和双线桥
1.2.3	特殊段区间 - 出入段场线	2	双延米	30.032 ～ 37.907	
1.3	轨道	1	正线公里	1903 ～ 2042	
1.4	通信	1	正线公里	1180	
1.5	信号	1	正线公里	1350 ～ 1550	
1.6	供电	1	正线公里	4037 ～ 4048	
1.7	综合监控	1	站	460	
1.8	火灾自动报警、环境与设备监控	1	站	650	

续表

编码	工程及费用名称	指标层级	单位	综合指标（万元/单位）	备注
1.9	安防与门禁	1	正线公里	582	
1.10	通风、空调与供暖	1	正线公里	737.8	
1.11	给水排水与消防	1	正线公里	546～554	
1.12	自动售检票	1	站	860	
1.13	站内客运设备、站台门	1	正线公里	1050	
1.14	运营控制中心	1	正线公里	618	
1.15	车辆基地	1	正线公里		
1.16	人防工程	1	正线公里	295～315	

车站综合指标表　　　　　表 4.2

编码	工程及费用名称	规格特征	围护形式	指标层级	单位	综合指标（万元/单位）	备注
1.1	车站			1	正线公里		
1.1.1	地下车站			2	m²		明挖法
1.1.1-1	标准站	地下二层岛式站台	地下连续墙	2	m²	1.626～1.842	车站主体、出入口通道、风道风井、施工监测、车站装修和车站附属工程包括标识导向、站内外附属设施
1.1.1-2		地下二层岛式站台	钻孔（排）桩钻孔桩	2	m²	1.496～1.594	车站主体、出入口通道、风道风井、施工监测、车站装修和车站附属工程包括标识导向、站内外附属设施
1.1.1-3	带配线车站	地下二层岛式站台	地下连续墙	2	m²	1.660～1.815	车站主体、出入口通道、风道风井、施工监测、车站装修和车站附属工程包括标识导向、站内外附属设施

续表

编码	工程及费用名称	规格特征	围护形式	指标层级	单位	综合指标（万元/单位）	备注
1.1.1-4	带配线车站	地下二层岛式站台	钻孔（排）桩钻孔桩	2	m²	1.585～1.751	车站主体、出入口通道、风道风井、施工监测、车站装修和车站附属工程包括标识导向、站内外附属设施
1.1.1-5		地下二层岛式站台	半盖挖	2	m²	1.742～1.926	车站主体、出入口通道、风道风井、施工监测、车站装修和车站附属工程包括标识导向、站内外附属设施
1.1.1-6	地下三层站	地下三层	地下连续墙	2	m²	1.718～1.912	车站主体、出入口通道、风道风井、施工监测、车站装修和车站附属工程包括标识导向、站内外附属设施
1.1.1-7	侧式车站	地下二层	地下连续墙	2	m²	1.627～1.799	车站主体、出入口通道、风道风井、施工监测、车站装修和车站附属工程包括标识导向、站内外附属设施
1.1.1-8		地下三层	地下连续墙	2	m²	1.627～1.799	车站主体、出入口通道、风道风井、施工监测、车站装修和车站附属工程包括标识导向、站内外附属设施
1.1.1-9	节点换乘站	带单渡线	地下连续墙	2	m²	1.618～1.788	车站主体、出入口通道、风道风井、施工监测、车站装修和车站附属工程包括标识导向、站内外附属设施
1.1.1-10		双存车线	地下连续墙	2	m²	1.588～1.756	车站主体、出入口通道、风道风井、施工监测、车站装修和车站附属工程包括标识导向、站内外附属设施

续表

编码	工程及费用名称	规格特征	围护形式	指标层级	单位	综合指标（万元/单位）	备注
1.1.1-11	节点换乘站	地下二层	地下连续墙	2	m²	1.656～1.815	车站主体、出入口通道、风道风井、施工监测、车站装修和车站附属工程包括标识导向、站内外附属设施
1.1.1-12		带单渡线	地下连续墙	2	m²	1.756～1.848	车站主体、出入口通道、风道风井、施工监测、车站装修和车站附属工程包括标识导向、站内外附属设施
1.1.1-13	通道换乘站	地下二层	地下连续墙	2	m²	1.563～1.717	车站主体、出入口通道、风道风井、施工监测、车站装修和车站附属工程包括标识导向、站内外附属设施
1.1.1-14		地下三层	地下连续墙	2	m²	1.628～1.800	车站主体、出入口通道、风道风井、施工监测、车站装修和车站附属工程包括标识导向、站内外附属设施
1.1.1-15		地下二层	钻孔（排）桩钻孔桩	2	m²	1.554～1.604	车站主体、出入口通道、风道风井、施工监测、车站装修和车站附属工程包括标识导向、站内外附属设施
1.1.2-1	高架站	标准高架		2	m²	0.888～0.924	桥梁结构、车站房屋、出入口结构、施工监测、车站装修、附属设施
1.1.2-2		带换乘		2	m²	0.935～1.033	桥梁结构、车站房屋、出入口结构、施工监测、车站装修、附属设施

备注："-"代表不同类型。

区间综合指标表 表 4.3

编码	工程及费用名称	规格特征	指标层级	单位	综合指标（万元／单位）	备注
1	工程费用		0	正线公里		
1.2	（一）区间		1	正线公里		盾构、明挖、高架、地面区间等
1.2.1	地下区间		2	双延米		盾构、明挖区间
1.2.1.1-1		土压盾构（内径 5.4m，外径 6m）	3	双延米	12.192 ～ 12.217	掘进、出渣、管片、防水、预埋槽道、端头加固、联络通道及废水泵房、施工监测等
1.2.1.1-2		土压盾构（内径 5.5m，外径 6.2m，含钢率 160）	3	双延米	12.420 ～ 12.710	掘进、出渣、管片、防水、预埋槽道、端头加固、联络通道及废水泵房、施工监测等
1.2.1.1-3		土压盾构（内径 5.5m，外径 6.2m，含钢率 180）	3	双延米	13.655 ～ 14.101	掘进、出渣、管片、防水、预埋槽道、端头加固、联络通道及废水泵房、施工监测等
1.2.1.1-4	盾构法	泥水盾构（管片内径 5.5m，外径 6.2m）	3	双延米	14.560 ～ 14.795	掘进、出渣、管片、防水、预埋槽道、端头加固、联络通道及废水泵房、施工监测等
1.2.1.1-5		土压泥水双模（管片内径 5.5m，外径 6.2m）	3	双延米	15.219 ～ 15.722	掘进、出渣、管片、防水、预埋槽道、端头加固、联络通道及废水泵房、施工监测等
1.2.1.1-6		土压盾构（内径 6m，外径 6.7m）	3	双延米	15.371 ～ 15.529	掘进、出渣、管片、防水、预埋槽道、端头加固、联络通道及废水泵房、施工监测等
1.2.1.1-7		泥水盾构（内径 6m，外径 6.7m）	3	双延米	16.887 ～ 17.045	掘进、出渣、管片、防水、预埋槽道、端头加固、联络通道及废水泵房、施工监测等
1.2.1.2	明挖法	过渡段	3	双延米	26.065 ～ 30.072	区间围护、土石方、钢筋混凝土结构、防水、监测、装饰等
1.2.3	高架区间		2	正线公里		单线桥、双线桥

续表

编码	工程及费用名称	规格特征	指标层级	单位	综合指标（万元/单位）	备注
1.2.2.1	高架区间	单线桥	3	单延米	5.08～6.175	下部建筑、上部建筑、附属工程
1.2.2.2	高架区间	双线桥	3	双延米	7.115～9.035	下部建筑、上部建筑、附属工程

备注："-"代表不同类型。

（二）分部指标

1. 车站

（1）说明

本指标为车站土建分部工程指标，包含车站主体、出入口通道、风道风井、施工监测、车站装修和车站附属工程，不含加固及建构筑物保护措施。

1）各指标工程量计算规则

参照表 3.1 指标层级划分及规则表中备注执行。

2）建筑面积的计算规则

围护结构有内衬的车站，其建筑面积按内衬外围（即外墙结构外围）水平面积计算。层高在 2.2m 以下（不含 2.2m）的结构不计算建筑面积。风道、停车线、辅助线等工程不需装修的不考虑装饰费用，具体见表 4.4。

建筑面积计算规则   表 4.4

序号	名称	单位	建筑面积计算规则
1	总建筑面积	m²	车站的建筑面积以主体建筑面积、附属建筑面积（附属建筑的投影面积）和下沉式冷却塔面积（冷却塔、出入口、风井地面部分均不计建筑面积）分别统计，各部分之和为车站的总建筑面积。 车站主体建筑面积与附属建筑面积的计算分界：车站主体结构外墙（内衬）外围为分界线
1.1	主体建筑面积	m²	外墙结构内衬外围水平自然层面积之和，不扣除楼梯、电梯井等。结构层高 2.2m 及以上计算全面积，以下不计算面积

续表

序号	名称	单位	建筑面积计算规则
1.2	出入口通道建筑面积	m²	从楼梯公共区起步至地面建筑防淹台阶与地面疏散广场的接线处水平投影面积；地铁车站的出入口、通道、不论高度如何，均按一层计算建筑面积
1.3	风道建筑面积	m²	按结构外围水平自然层面积计算，风道夹层不计面积。地铁车站范围外的风亭、管道井等构筑物不计算建筑面积
1.4	冷却塔（下沉式）建筑面积	m²	按结构外围水平单层面积计算
	冷却塔（半下沉式）建筑面积	m²	
	冷却塔（地面）建筑面积	m²	不计算面积
1.5	高架人行天桥	m²	人行天桥水平投影面积
1.6	区间跟随所建筑面积	m²	按结构外围水平投影面积计算，层高2.2m计算全面积，2.2m以下不计算面积
2	装修面积	m²	
2.1	公共区装修面积	m²	按公共区结构内围水平投影计算，不含车控室。楼梯和电梯井并入建筑物自然层计算，站台层按照有效站台、站台门以及设备区的墙体围成的闭合区域计算，含公共区卫生间
2.2	出入口通道装修面积	m²	同出入口通道建筑面积
2.3	设备区装修面积	m²	设备区装修面积，含车控室、装修风道，本车站临近需装修的区间风井、区间联络通道、区间泵房等
2.4	轨行区装修面积	m²	站台范围内轨行区结构内围水平面积，计算长度为有效站台+左右各5m
2.5	高架站装修面积	m²	车站总建筑面积
2.5.1	外立面装修面积	m²	外立面装修垂直投影面积
2.5.2	室内装修	m²	车站总建筑面积

3）高架车站

桥建结合：高架站先形成空间框架结构，再在其上形成连续梁板结构。

本指标按桥建合一的模式计算。

4）车站特征值，详见附录一。

5）本指标参考的钢筋混凝土型号规格如表4.5所示。

各分部分项混凝土和钢筋型号规格表   表 4.5

分部	分项	混凝土强度等级	钢筋
围护结构	连续墙	C35（水下）、P8	HPB300、HRB400
	抗拔桩	C35（水下）、P8	HPB300、HRB400
	临时立柱桩基础	C30（水下）	HPB300、HRB400
	压顶梁	C35	HPB300、HRB400
	冠梁	C30	HPB300、HRB400
	支撑	C30	HPB300、HRB400
	腰梁	C30	HPB300、HRB400
	导墙	C30	HPB300、HRB400
	垫层	C20	无
	喷射混凝土	C25	无
主体结构	顶板（梁）	C35、P8	HPB300、HRB400E
	侧墙（梁）	C35、P8	HPB300、HRB400E
	底板（梁）	C35、P8	HPB300、HRB400E
	中板（梁）	C35	HPB300、HRB400E
	内部结构	C30	HPB300、HRB400E
	柱子	C50	HPB300、HRB400E
	盾构井回填	C35	HPB300、HRB400E

（2）分部指标表

分部指标表如表 4.6 和表 4.7 所示。

分部指标表（一）   表 4.6

编码	工程名称	规格特征	围护形式	指标层级	单位	指标（万元/单位）	备注
1.1.1	地下车站			2	m²		明挖法
1.1.1.1	一、车站主体			3	m²		车站主体围护结构、土石方支撑降水、主体结构、防水

续表

编码	工程名称	规格特征	围护形式	指标层级	单位	指标（万元/单位）	备注
1.1.1.1-1	标准站	地下二层岛式站台	地下连续墙	3	m²	1.371 ~ 1.697	车站主体围护结构、土石方支撑降水、主体结构、防水
1.1.1.1-2		地下二层岛式站台	钻孔（排）桩钻孔桩	3	m²	1.203 ~ 1.350	车站主体围护结构、土石方支撑降水、主体结构、防水
1.1.1.1-3	带配线车站	地下二层岛式站台	地下连续墙	3	m²	1.411 ~ 1.637	车站主体围护结构、土石方支撑降水、主体结构、防水
1.1.1.1-4		地下二层岛式站台	钻孔（排）桩钻孔桩	3	m²	1.331 ~ 1.471	车站主体围护结构、土石方支撑降水、主体结构、防水
1.1.1.1-5		地下二层岛式站台	半盖挖	3	m²	1.468 ~ 1.622	车站主体围护结构、土石方支撑降水、主体结构、防水
1.1.1.1-6	地下三层站	地下三层	地下连续墙	3	m²	1.332 ~ 1.563	车站主体围护结构、土石方支撑降水、主体结构、防水
1.1.1.1-7	侧式车站	地下二层	地下连续墙	3	m²	1.485 ~ 1.641	车站主体围护结构、土石方支撑降水、主体结构、防水
1.1.1.1-8		地下三层	地下连续墙	3	m²	1.494 ~ 1.652	车站主体围护结构、土石方支撑降水、主体结构、防水
1.1.1.1-9	节点换乘站	带单渡线	地下连续墙	3	m²	1.383 ~ 1.529	车站主体围护结构、土石方支撑降水、主体结构、防水
1.1.1.1-10		双存车线	地下连续墙	3	m²	1.497 ~ 1.655	车站主体围护结构、土石方支撑降水、主体结构、防水
1.1.1.1-11		地下二层	地下连续墙	3	m²	1.385 ~ 1.483	车站主体围护结构、土石方支撑降水、主体结构、防水
1.1.1.1-12	通道换乘站	带单渡线	地下连续墙	3	m²	1.525 ~ 1.685	车站主体围护结构、土石方支撑降水、主体结构、防水

编码	工程名称	规格特征	围护形式	指标层级	单位	指标（万元/单位）	备注
1.1.1.1-13	通道换乘站	地下二层	地下连续墙	3	m²	1.250 ~ 1.322	车站主体围护结构、土石方支撑降水、主体结构、防水
1.1.1.1-14	通道换乘站	地下三层	地下连续墙	3	m²	1.372 ~ 1.516	车站主体围护结构、土石方支撑降水、主体结构、防水
1.1.1.1-15	通道换乘站	地下二层	钻孔（排）桩钻孔桩	3	m²	1.347 ~ 1.531	车站主体围护结构、土石方支撑降水、主体结构、防水

分部指标表（二）　　　　　　　　　　　　　　表 4.7

编码	工程名称	围护结构底深（m）	建筑面积（m²）	指标层级	单位	指标（万元/单位）	备注
1.1.1.2-1	二、出入口通道	$H < 15$	$S < 600$	3	m²	1.657 ~ 1.933	出入口围护结构、土石方支撑降水、主体结构、防水
1.1.1.2-2	二、出入口通道	$H < 15$	$S \geqslant 600$	3	m²	1.172 ~ 1.277	出入口围护结构、土石方支撑降水、主体结构、防水
1.1.1.2-3	二、出入口通道	$15 \leqslant H < 20$	$S < 600$	3	m²	1.762 ~ 2.373	出入口围护结构、土石方支撑降水、主体结构、防水
1.1.1.2-4	二、出入口通道	$15 \leqslant H < 20$	$S \geqslant 600$	3	m²	1.192 ~ 1.423	出入口围护结构、土石方支撑降水、主体结构、防水
1.1.1.2-5	二、出入口通道	$20 \leqslant H < 25$	$S < 600$	3	m²	2.528 ~ 3.603	出入口围护结构、土石方支撑降水、主体结构、防水
1.1.1.2-6	二、出入口通道	$20 \leqslant H < 25$	$S \geqslant 600$	3	m²	1.653 ~ 1.929	出入口围护结构、土石方支撑降水、主体结构、防水
1.1.1.2-7	二、出入口通道	$25 \leqslant H < 30$	$S < 600$	3	m²	3.069 ~ 3.522	出入口围护结构、土石方支撑降水、主体结构、防水

续表

编码	工程名称	围护结构底深（m）	建筑面积（m²）	指标层级	单位	指标（万元/单位）	备注
1.1.1.2-8	二、出入口通道	25 ≤ H < 30	600 ≤ S < 1000	3	m²	2.34 ~ 2.87	出入口围护结构、土石方支撑降水、主体结构、防水
1.1.1.2-9	二、出入口通道	25 ≤ H < 30	S ≥ 1000	3	m²	2.157 ~ 2.242	出入口围护结构、土石方支撑降水、主体结构、防水
1.1.1.2-10	二、出入口通道	H ≥ 30	S < 600	3	m²	4.466 ~ 5.69	出入口围护结构、土石方支撑降水、主体结构、防水
1.1.1.2-11	二、出入口通道	H ≥ 30	S ≥ 600	3	m²	4.292 ~ 4.45	出入口围护结构、土石方支撑降水、主体结构、防水
1.1.1.3	三、风道、风井			3	m²	1.535 ~ 1.8449	风亭及冷却塔围护结构、土石方支撑降水、主体结构、防水
1.1.1.4	四、施工监测			3	m²	0.0125 ~ 0.0143	常规监测
1.1.1.5	五、车站装修			3	m²	0.125 ~ 0.152	公共区、设备区、轨行区装修
1.1.1.6	六、车站附属设施			3	站	230.000	标志导向、站前广场、自行车停车场、环保绿化、其他附属设施
1.1.1.7	七、施工围蔽			3	m	0.0532	围蔽长度
1.1.2	高架车站			2	m²	0.875 ~ 0.984	桥梁结构、车站房屋、出入口结构、施工监测、车站装修、附属设施、施工围蔽
1.1.2.1	一、桥梁结构（车站主体）			3	m²	0.574 ~ 0.693	土石方、钢筋混凝土梁、钢梁、基础桩、承台、盖梁
1.1.2.2	二、车站房屋			3	m²	0.286 ~ 0.297	钢筋混凝土结构、钢结构、屋盖结构

续表

编码	工程名称	围护结构底深（m）	建筑面积（m²）	指标层级	单位	指标（万元/单位）	备注
1.1.2.3	三、人行天桥（出入口）			3	m²	0.642 ~ 0.845	上部结构、主体结构、出入口地面建筑
1.1.2.4	四、施工监测			3	m²	0.0012 ~ 0.0015	常规监测
1.1.2.5	五、建筑装修			3	m²	0.310 ~ 0.326	外立面装饰、室内装饰
1.1.2.6	六、车站附属设施			3	站	230.000	标志导向、站前广场、自行车停车场、环保绿化、其他附属设施
1.1.2.7	七、施工围蔽			3	m	0.0532	围蔽长度

备注："-"代表不同类型。

2. 区间

（1）说明

本指标为区间土建分部工程指标，包括明挖区间、盾构区间、高架区间，指标不含加固及建（构）筑物保护措施。

2.1 地下区间

2.1.1 根据施工工法分为盾构法、明挖法等内容。

2.1.2 盾构区间根据掘进方式分为土压平衡、泥水平衡和土压泥水双模盾构法。

2.1.3 预制盾构管片场外运输暂按25km计算。

2.1.4 盾构进、出场费各按30万元/台次，转场费按30万元/台次。

2.1.5 明挖区间钢支撑租赁和降水使用时间为4个月。

2.1.6 区间联络通道长度按联络通道初期支护最外围与管片左右线外径交接点之间的长度计算，如图4.1所示。

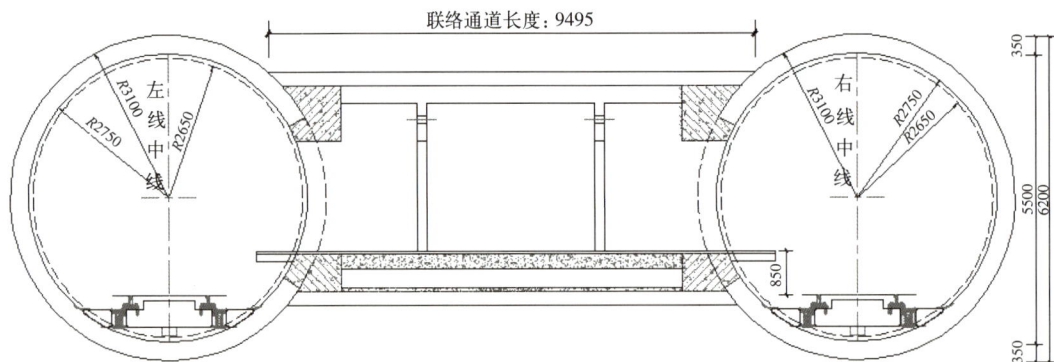

图 4.1　联络通道长度示意图

2.2　高架区间

2.2.1　高架区间指标主要包括支架现浇施工的单线简支梁桥、支架现浇的双线简支梁桥、移动模架施工的双线简支梁桥及挂篮施工的连续梁桥。

2.2.2　标准墩身宽 2.5 ~ 3.0m，基础采用钻孔灌注桩，桩径 1.25 ~ 1.5m。

2.2.3　高架区间综合指标未包括桥梁艺术要求的装饰、照明、绿化、交通监控等内容。

2.3　区间特征

区间特征详见附件一。

（2）分部指标表

区间分部工程指标表如表 4.8 所示。

区间分部工程指标表　　　　　　　　　　　　　表 4.8

编码	工程及费用名称	指标层级	单位	指标（万元 / 单位）	备注
1.2	区间	1	正线公里		
1.2.1	地下区间	2	正线公里		盾构、明挖区间
1.2.1.1	一、盾构法	3	双延米		
1.2.1.1.1	（一）区间主体	4	双延米	12.284 ~ 14.989	掘进出渣、管片拼装、预埋槽道、端头加固等
1.2.1.1.2	（二）联络通道及废水泵房	4	延长米	7.322 ~ 12.989	土石方、初衬及二衬钢筋混凝土结构及背后注浆、防水、洞内临时工程等

续表

编码	工程及费用名称	指标层级	单位	指标（万元／单位）	备注
1.2.1.1.4	（四）施工监测	4	双延米	0.10 ～ 0.12	常规监测
1.2.1.1.5	（五）施工围蔽	4	m	0.0532	围蔽长度
1.2.1.2	二、明挖法	3	双延米	26.065 ～ 30.072	区间主体、监测、装饰等
1.2.1.2.1	（一）区间主体	4	m²	1.338 ～ 1.626	围护结构、土方及支撑、钢筋混凝土结构、防水等
1.2.1.2.3	（三）施工监测	4	双延米	0.238 ～ 0.278	常规监测
1.2.1.2.4	（四）施工围蔽	4	m	0.0532	围蔽长度
1.2.1.3	三、疏散平台	3	m²	0.136 ～ 0.150	
1.2.2	高架区间	2	双延米		
1.2.2.1	一、单线桥	3	m²	0.86 ～ 1.199	支架现浇
1.2.2.2-1		3	m²	0.7119 ～ 0.7767	移动模架施工法
1.2.2.2-2	二、双线桥	3	m²	0.9606 ～ 1.0584	挂篮施工法
1.2.2.2-3		3	m²	0.782 ～ 0.986	支架现浇
1.2.2.5	五、施工围蔽	3	m	0.0532	围蔽长度
1.2.2.6	六、噪声防护	3	m²	0.16 ～ 0.18	声屏障钢结构、声屏障板

备注："-"代表不同类型。

3. 轨道

（1）说明

3.1　铺轨指标按一次铺设无缝线路考虑，钢轨采用 25m 60kg/m 中锰钢。

3.2　轨道减振措施中，高等减振段分别按双层非线性减振扣件及梯形轨枕考虑，特殊减振段按钢弹簧隔振器液体阻尼考虑。

3.3　正线道床按混凝土整体道床考虑，车辆基地道岔按碎石道床考虑。

3.4　正线道岔岔枕按合成树脂枕考虑，车辆基地道岔岔枕按钢筋混凝土枕考虑。

（2）分部指标表

轨道工程指标表如表 4.9 所示。

轨道工程指标表   表 4.9

编码	工程及费用名称	指标层级	单位	指标（万元/单位）	备注
1.3	轨道	1	正线公里	1903～2042	
1.3.1	正线	2	铺轨公里	745～815	
1.3.1.1	（一）地下段	3	铺轨公里		一般段、减振段指标相差较大，要按实际方案测算
1.3.1.1.1	1. 铺轨及道床	4	铺轨公里		
1.3.1.1.1.1	（1）一般段	5	铺轨公里	546	
1.3.1.1.1.2	（2）中等减振段	5	铺轨公里	591	
1.3.1.1.1.3	（3）高等减振段	5	铺轨公里	1218	
1.3.1.1.1.4	（4）特殊减振段	5	铺轨公里	1868	
1.3.1.1.2	2. 铺道岔	4	组		
1.3.1.1.2.1	（1）单开道岔	5	组	45.6	9号道岔
1.3.1.1.2.2	（2）特种道岔	5	组	246	9号交叉渡线
1.3.1.2	（二）高架段	3	铺轨公里		
1.3.1.2.1	1. 铺轨及道床	4	铺轨公里		
1.3.1.2.1.1	（1）一般段	5	铺轨公里	427	
1.3.1.2.1.2	（2）中等减振段	5	铺轨公里	529	
1.3.1.2.1.3	（3）高等减振段	5	铺轨公里	1186	
1.3.1.2.2	2. 铺道岔	4	组		
1.3.1.2.2.1	（1）单开道岔	5	组	45.6	9号道岔
1.3.1.2.2.2	（2）特种道岔	5	组	246	9号交叉渡线
1.3.1.3	（三）辅助线及联络线	3	铺轨公里		
1.3.1.3.1	1. 铺轨及道床	4	铺轨公里		
1.3.1.3.1.1	（1）铺轨－地下段	5	铺轨公里	630	
1.3.1.3.1.2	（2）铺轨－高架段	5	铺轨公里	650	
1.3.2	车辆基地	2	铺轨公里	432	
1.3.2.1	一、铺轨及道床	3	铺轨公里	290～315	
1.3.2.2	二、铺道岔	3	组		
1.3.2.2.1	（一）单开道岔	4	组	36	7号道岔

编码	工程及费用名称	指标层级	单位	指标（万元/单位）	备注
1.3.2.2.2	（二）特种道岔	4	组	125	7号交叉渡线
1.3.3	线路有关工程	2	正线公里		
1.3.3.1	一、有关工程	3	铺轨公里	86～95	
1.3.3.2	二、线路备料	3	铺轨公里	4～6	
1.3.3.3	三、铺轨基地	3	处	120～150	

4. 通信

（1）说明

通信系统指标按系统组成分为专用通信系统、公安通信系统两部分。民用通信系统由民用通信服务商投资建设，不在轨道交通项目建设范围。

专用通信系统包括传输、无线通信、公务电话、专用电话、广播、时钟、办公自动化、电源系统及接地、集中告警、乘客信息系统（PIS）等子系统。视频监视系统纳入安防系统统一建设。

公安通信系统包括公安无线通信引入系统、公安数据网络、公安电源系统等子系统。公安视频监视系统纳入安防系统统一建设。

（2）分部指标表

通信工程指标表如表4.10所示。

通信工程指标表 表4.10

编码	工程及费用名称	指标层级	单位	指标（万元/单位）			备注
				建安工程费	设备购置费	合计	
1.4	通信	1	正线公里	380	800	1180	平均站间距1.7km，指标不含视频监视系统（纳入安防系统），不含民用通信引入系统

续表

编码	工程及费用名称	指标层级	单位	指标（万元/单位）			备注
				建安工程费	设备购置费	合计	
1.4.1	一、专用通信系统	2	正线公里	300	720	1020	
1.4.1.1	（一）传输系统	3	正线公里	19	77	96	
1.4.1.2	（二）无线通信系统	3	正线公里	27	60	87	
1.4.1.3	（三）公务电话系统	3	正线公里	21	46	67	
1.4.1.4	（四）专用电话系统	3	正线公里	1	6	7	
1.4.1.5	（五）视频监视系统	3	正线公里				纳入安防系统
1.4.1.6	（六）广播系统	3	正线公里	6	20	26	
1.4.1.7	（七）时钟系统	3	正线公里	3	6	9	
1.4.1.8	（八）办公自动化系统	3	正线公里	17	116	133	
1.4.1.9	（九）电源系统及接地	3	正线公里	14	113	127	
1.4.1.10	（十）集中告警系统	3	正线公里		4	4	
1.4.1.11	（十一）乘客信息系统（PIS）	3	正线公里	47	256	303	
1.4.1.12	（十二）其他	3	正线公里	145	16	161	管线工程等
1.4.2	二、公安通信系统	2	正线公里	79	81	160	
1.4.2.1	（一）公安视频监视系统	3	正线公里				纳入安防系统
1.4.2.2	（二）公安无线通信引入系统	3	正线公里	51	36	87	
1.4.2.3	（三）公安数据网络	3	正线公里	24	34	58	
1.4.2.4	（四）公安电源系统	3	正线公里	2	3	5	
1.4.2.5	（五）其他	3	正线公里	2	8	10	

5. 信号

（1）说明

信号系统指标按系统组成分为正线、运营控制中心、车辆段、停车场、试车线、车载设备、维修与培训中心等内容。

若采用列车自动控制（ATC）系统，相对于常规移动闭塞 ATC 系统，正线信号、车载信号指标均有提高。

（2）分部指标表

信号工程指标表如表 4.11 所示。

信号工程指标表　　　　　　　表 4.11

编码	工程及费用名称	指标层级	单位	指标（万元/单位）			备注
				建安工程费	设备购置费	合计	
1.5	信号	1	正线公里	275	1075～1275	1350～1550	平均站间距 1.7km，全自动运行线路 1550 万元/km，非全自动运行线路 1350 万元/km
1.5.1	一、正线	2	正线公里	150～200	700～750	850～950	全自动运行线路 950 万元/km，非全自动运行线路 850 万元/km
1.5.2	二、运营控制中心	2	处	100	1400	1500	全自动线路需考虑备用控制中心，按 2 处计算
1.5.3	三、车辆段	2	联锁道岔	25	75	100	
1.5.4	四、停车场	2	联锁道岔	25	75	100	
1.5.5	五、试车线	2	条	150	850	1000	
1.5.6	六、车载设备	2	列	10	250～300	260～310	全自动设备 310 万元/列，非全自动设备 260 万元/列
1.5.7	七、维修与培训中心	2	处	50	950	1000	新建线路按维修中心 1 处、培训中心 1 处计算

6. 供电

（1）说明

1）指标的项目划分

指标分为主变电站、变电所、环网电缆工程、牵引网（接触轨）、电力监控、杂散电流防护与接地、供电车间及动力照明系统。

2）指标的计算规则

2.1　主变电站房屋以"m²"为单位计算；

2.2　110kV 变电工程以座为单位计算；

2.3　110kV 间隔工程以座为单位计算；

2.4　110kV 输电线路以正线公里为单位计算；

2.5　110kV 架空线路以正线公里为单位计算；

2.6　变电所以座为单位计算，分为正线牵引所、车辆段牵引所、停车场牵引所、降压所和跟随所；

2.7　环网电缆以条公里为单位计算，即以一条环网电缆一公里长度为单位计算；

2.8　牵引网（接触轨）以条公里为单位计算，即以单线敷设接触网（轨）一公里长度为单位计算；

2.9　电力监控以正线公里为单位计算；

2.10　杂散电流防护以正线公里为单位计算；

2.11　供电车间及其他系统以座为单位计算；

2.12　车站动力照明以建筑面积"m²"为单位计算，建筑面积应扣除车站配线上方物业开发区域，分为高架车站和地下车站；

2.13　区间动力照明以正线公里为单位计算。

（2）分部工程指标表

供电工程指标表如表 4.12 所示。

供电工程指标表

表 4.12

编码	工程及费用名称	指标层级	单位	指标（万元/单位）			
				建筑	安装	设备	合计
1.6	供电	1	正线公里				
1.6.1	主变电站	2	座				
1.6.1.1	一、主变电站	3	座				
1.6.1.1.1	（一）主变电站房屋	4	m²	0.5700			0.5700

续表

编码	工程及费用名称	指标层级	单位	指标（万元／单位）			
				建筑	安装	设备	合计
1.6.1.1.2	（二）110kV 变电工程	4	座		523.62	2232.28	2755.91
1.6.1.1.3	（三）110kV 间隔工程	4	座		39.26	111.73	150.99
1.6.1.2	二、电力进线	3	正线公里				
1.6.1.2.1	（一）110kV 输电线路	4	正线公里	435.88	147.64	119.52	703.03
1.6.1.2.2	（二）110kV 架空线路	4	正线公里		741.10	80.52	821.62
1.6.1.3	三、配套通信工程	3	座		19.93	161.22	181.14
1.6.2	变电所	2	座				
1.6.2.1	一、正线牵引所	3	座		545.09	1012.30	1557.39
1.6.2.2	二、车辆段牵引所	3	座		2120.01	1092.13	3212.13
1.6.2.3	三、停车场牵引所	3	座		1480.26	1028.66	2508.92
1.6.2.4	四、能量回馈装置	3	套		0.00	234.31	234.31
1.6.2.5	五、降压所	3	座		132.99	378.52	511.51
1.6.2.6	六、跟随所	3	座		259.80	91.28	351.08
1.6.3	环网电缆	2	正线公里				
1.6.3.1	一、环网电缆	3	条公里		52.32		52.32
1.6.4	牵引网（接触轨）	2	正线公里				
1.6.4.1	一、地下段	3	条公里		165.72	3.38	169.10
1.6.4.2	二、地面和高架	3	条公里		153.53	9.80	163.33
1.6.4.3	三、车辆段	3	条公里		92.80	41.69	134.50
1.6.4.4	四、停车场	3	条公里		102.79	46.18	148.97
1.6.5	电力监控（SCADA）	2	正线公里		13.3	75.4	88.7
1.6.6	杂散电流防护与接地系统	2	正线公里		114.68	8.63	123.32
1.6.7	供电车间及其他系统	2	座		11.89	2366.94	2378.83
1.6.8	动力照明工程	2	正线公里				
1.6.8.1	一、高架车站（建筑面积≤15000）	3	m²		0.0615	0.0377	0.0993
1.6.8.2	二、地下车站	3	m²				

编码	工程及费用名称	指标层级	单位	指标（万元/单位）			
				建筑	安装	设备	合计
1.6.8.2-1	地下车站（建筑面积≤15000）	3	m²		0.0635	0.0479	0.1114
1.6.8.2-2	地下车站（15000<建筑面积≤20000）	3	m²		0.0571	0.0431	0.1002
1.6.8.2-3	地下车站（20000<建筑面积≤25000）	3	m²		0.0439	0.0331	0.0771
1.6.8.2-4	地下车站（建筑面积>25000）	3	m²		0.0362	0.0273	0.0636
1.6.8.3	三、区间	3	正线公里		158.41	19.58	177.99

备注："-"代表不同类型。

7. 综合监控

（1）说明

综合监控系统指标按系统组成分为车站、运营控制中心、车辆段、停车场等内容。

指标中综合监控系统采用两级管理、三级控制的分层分布式结构，集成模式采用 ATS 与综合监控深度集成方案。

（2）分部指标表

综合监控工程指标表如表 4.13 所示。

综合监控工程指标表　　　　表 4.13

编码	工程及费用名称	指标层级	单位	指标（万元/单位）			备注
				安装	设备	合计	
1.7	综合监控	1	站	41	419	460	
1.7.1	一、车站	2	站	33	297	330	
1.7.2	二、运营控制中心	2	处	100	2900	3000	一个控制中心为一处
1.7.3	三、车辆段	2	处	100	550	650	一个车辆段为一处
1.7.4	四、停车场	2	处	60	240	300	一个停车场为一处

8. 火灾自动报警、环境与设备监控

(1) 说明

火灾自动报警系统指标按系统组成分为车站、运营控制中心、车辆段、停车场、主变电站等内容。指标中控制中心按利用既有控制中心的情况考虑，若新建控制中心，则投资按实际情况测算。指标中火灾自动报警系统按中央、车站两级调度管理，中央、车站、就地三级监控的方式设置。

环境与设备监控系统指标按系统组成分为车站、运营控制中心、车辆段、停车场、主变电站等内容。指标中控制中心按利用既有控制中心的情况考虑，若新建控制中心，则投资按实际情况测算。环境与设备监控系统在车站集成到综合监控系统中，中央级、车站级设备和功能均由综合监控系统实现。

(2) 分部指标表

火灾自动报警、环境与设备监控工程指标表如表 4.14 所示。

火灾自动报警、环境与设备监控工程指标表　　　　　　　　表 4.14

编码	工程及费用名称	指标层级	单位	指标（万元/单位）			备注
				安装	设备	合计	
1.8	火灾自动报警、环境与设备监控	1	站	385	265	650	
1.8.1	火灾自动报警（FAS）	2	站	210	140	350	
1.8.1.1	一、车站	3	站	185	105	290	若为高架车站，建议按 190 万元/站
1.8.1.2	二、运营控制中心	3	处				若新建控制中心，则投资按实际情况测算
1.8.1.3	三、车辆段	3	处	450～600	350～400	800～1000	一个车辆段为一处
1.8.1.4	四、停车场	3	处	350～450	250～350	600～800	一个停车场为一处
1.8.1.5	五、主变电站	3	处	80	40	120	一个主变电站为一处

续表

编码	工程及费用名称	指标层级	单位	指标（万元/单位） 安装	指标（万元/单位） 设备	指标（万元/单位） 合计	备注
1.8.2	环境与设备监控（BAS）	2	站	175	125	300	
1.8.2.1	一、车站（地下）	3	站	170	110	280	若为高架车站，建议按180万元/站
1.8.2.2	二、运营控制中心	3	处				若新建控制中心，则按实际情况测算
1.8.2.3	三、车辆段	3	处	300～400	280～350	580～750	一个车辆段为一处
1.8.2.4	四、停车场	3	处	250～300	250～280	500～580	一个停车场为一处

9. 安防与门禁

（1）说明

安防系统指标按系统组成分为安防集成系统、视频监控系统、车站安检系统、入侵报警系统、电子巡更系统、机动车管理系统等内容。

指标中安防集成平台设置于控制中心、车辆段/停车场、车站，平台通过接入视频监视、出入口控制、入侵报警、安全检查及探测等技术实现对地铁工作环境的安全保护。

车站安检系统分为线网层、车站层、现场层。线网层实现对线网所有安检设备的监控和数据采集，统计分析系统数据，自动生成各种报表。车站层实现对本车站安检设备的监控，采集相应的系统事件数据，并进行统计分析，自动生成各种报表。现场层实现对指定区域或出入口的安检出入控制。入侵报警系统、电子巡更系统、机动车管理系统设置于车辆段、停车场，指标按处为单位计算。

门禁系统指标按系统组成分为车站、运营控制中心、车辆段、停车场、主变电站等内容。车站外变电所（如区间变电所等）指标可根据规模及功能要求等工程实际情况确定。

（2）分部指标表

安防与门禁工程指标表如表 4.15 所示。

安防与门禁工程指标表 表 4.15

编码	工程及费用名称	指标层级	单位	指标（万元/单位）			备注
				安装	设备	合计	
1.9	安防与门禁	1	正线公里	68	514	582	平均站间距 1.7km，适用于新建线路。延长线需结合实际技术方案测算
1.9	安防与门禁	1	站	114	860	974	
1.9.1	一、安防系统	2	站	60	780	840	包括视频监控及安检系统
1.9.1.1	（一）安防集成系统	3	站	1	74	75	
1.9.1.2	（二）视频监控子系统	3	站	44	322	366	
1.9.1.3	（三）车站安检系统	3	站	14	355	369	
1.9.1.4	（四）入侵报警系统	3	处	31	240	271	
1.9.1.5	（五）电子巡更系统	3	处	3	33	36	
1.9.1.6	（六）机动车管理系统	3	处	7	205	213	
1.9.2	二、门禁系统（ACS）	2	站	55	80	135	
1.9.2.1	（一）车站	3	站	40	55	95	
1.9.2.2	（二）运营控制中心	3	处	10	280	290	
1.9.2.3	（三）车辆段	3	处	110	140	250	
1.9.2.4	（四）停车场	3	处	90	120	210	
1.9.2.5	（五）主变电站	3	处	45	50	95	

10. 通风空调与供暖

（1）说明

1）指标的项目划分

指标含隧道风系统、新风、排风、防排烟、空调系统材料设备安装、调试及相关工作。

车站综合指标根据车站形式不同，分为地下车站和高架车站通风空调系统。

2）指标计算规则

通风空调系统以建筑面积"m²"为单位计算，计算规则同车站。

计算指标时，建筑面积应扣除车站配线上方物业开发区域。

（2）分部指标表

通风空调与供暖工程指标表如表 4.16 所示。

通风空调与供暖工程指标表　　　　　　　　　　　　表 4.16

编码	工程及费用名称	指标层级	单位	指标（万元/单位）		
				安装	设备	合计
1.10	通风空调	1	正线公里			
1.10.1	一、车站	2	m²			
1.10.1.1	（一）高架车站	3	m²	0.0258	0.0100	0.0358
1.10.1.2	（二）地下车站	3	m²			
1.10.1.2-1	地下车站（建筑面积≤ 15000）	3	m²	0.0561	0.0264	0.0825
1.10.1.2-2	地下车站（15000< 建筑面积≤ 20000）	3	m²	0.0459	0.0216	0.0675
1.10.1.2-3	地下车站（20000< 建筑面积≤ 25000）	3	m²	0.0353	0.0166	0.0519
1.10.1.2-4	地下车站（建筑面积 >25000）	3	m²	0.0316	0.0149	0.0464

备注："-"代表不同类型。

11. 给水排水与消防

（1）说明

1）指标的项目划分

指标划分为车站给水排水与消防、市政接驳、区间给水排水与消防和气体灭火等 4 个分部。

车站给水排水与消防系统包含车站内给水排水与消防系统管道及材料设备的安装、调试及相关工作。

市政接驳包含路面破除恢复、土方开挖支护、给水排水管道敷设和检查井安装等工作内容。

气体灭火系统包含管道、材料设备以及相关自动火灾报警等系统安装和调试工作。

区间给水排水与消防包含区间给水排水、消防以及市政接驳等工作。

2）指标的计算规则

2.1 地下车站和高架车站均以建筑面积"m²"为单位计算；建筑面积同车站。计算指标时，建筑面积应扣除车站配线上方物业开发区域。

2.2 市政接驳以站为单位计算包括红线外的市政接口费用。

2.3 气体灭火以站为单位计算，含气体灭火的自动火灾控制系统费用。

2.4 区间给水排水与消防以正线公里为单位计算。

（2）分部指标表

给水排水与消防工程指标表如表 4.17 所示。

给水排水与消防工程指标表　　　　　　　表 4.17

编码	工程及费用名称	指标层级	单位	指标（万元/单位）			备注
				安装	设备	合计	
1.11	给水排水与消防	1	正线公里				
1.11.1	车站给水排水与消防	2	m²				
1.11.1.1	一、高架车站	3	m²				
1.11.1.1.1	（一）车站给水排水与消防	4	m²	0.023		0.023	
1.11.1.1.2	（二）市政管网接驳	4	站	93.3		93.3	
1.11.1.2	二、地下车站	3	m²				
1.11.1.2.1	（一）车站给水排水与消防	4	m²				
1.11.1.2.1-1	地下车站（建筑面积≤15000）	4	m²	0.0257		0.0257	
1.11.1.2.1-2	地下车站（15000<建筑面积≤20000）	4	m²	0.0201		0.0201	
1.11.1.2.1-3	地下车站（20000<建筑面积≤25000）	4	m²	0.0171		0.0171	
1.11.1.2.1-4	地下车站（建筑面积>25000）	4	m²	0.0144		0.0144	
1.11.1.2.2	（二）市政管网接驳	4	站	110.91		110.91	
1.11.2	区间给水排水与消防	2	正线公里	123.79		123.79	
1.11.3	自动灭火系统	2	站	113.4757	163.2943	276.77	

备注："-"代表不同类型。

12. 自动售检票

（1）说明

自动售检票系统指标按系统组成分为车站、运营控制中心、清分系统等内容。

指标中自动售检票系统包含智能客服功能。

清分中心指标按接入既有清分中心、升级扩容口岸旅。若新建清分中心，指标可根据规模及功能要求等工程实际情况确定。

（2）分部指标表

自动售检票工程指标表如表 4.18 所示。

自动售检票工程指标表　　　　　　表 4.18

| 编码 | 工程及费用名称 | 指标层级 | 单位 | 指标（万元／单位） | | | 备注 |
				安装	设备	合计	
1.12	自动售检（AFC）	1	站	40	820	860	含智能客服系统
1.12.1	一、车站	2	站	40	650	690	
1.12.2	二、运营控制中心	2	处	50	3750	3800	含中央级模拟开发系统、维修系统、培训系统
1.12.3	三、清分系统	2	项	40	1960	2000	包括线网清分中心升级扩容费用。若新建清分中心，需结合实际技术方案测算

13. 站内客运设备、站台门

（1）说明

站内客运设备指标按系统组成分为自动扶梯、电梯、自动人行道、轮椅升降台等内容。

自动扶梯若指标对应的平均提升高度为 8m，可结合实际提升高度调整指标。

轮椅升降台指标可根据功能要求等工程实际情况确定。

站台门系统以门体单元为单位计算。全自动运行模式的线路，需在站台门与列车间隙设置安全探测装置以满足自动运行的要求，指标相应提高 1 万元／门体单元。

（2）分部指标表

站内客运设备、站台门工程指标表如表 4.19 所示。

站内客运设备、站台门工程指标表　　　　　　表 4.19

编码	工程及费用名称	指标层级	单位	指标（万元／单位）			备注
				安装	设备	合计	
1.13	站内客运设备、站台门	1	正线公里	90	960	1050	平均站间距 1.7km
1.13.1	站内客运设备	2	正线公里	75	685	760	
1.13.1.1	一、自动扶梯	3	部	10	85	95	1. 指标对应的平均提升高度为8m，可结合实际提升高度调整指标； 2. 若设置自动扶梯多维感知系统，另加 4.5 万元／部； 3. 若设置智能运维及全寿命周期信息管理系统，另加 6 万元／部
1.13.1.2	二、电梯	3	部	5	45	50	
1.13.1.3	三、自动人行道	3	部				估算阶段可按 3 万元／m 测算
1.13.2	站台门	2	站	432～480		432～480	全自动运行 480 万元／站，非全自动 432 万元／站
1.13.2.1	一、站台门	3	门体单元	9～10		9～10	全自动运行 10 万元／门体单元，非全自动 9 万元／门体单元

14. 基地中心

（1）说明

车辆基地指标分为生产及办公房屋、工艺设备、附属工程等内容。

生产办公用房按对应单体建筑面积计算。

车辆基地一般承担定修、临修、三月检、双周检任务，以及停车列检和洗刷清扫等日常维修和保养、配属列车乘务工作、列车运行中出现事故时的救援工作、材料供应和基地内设备机具维修及调车机车日常维修工作、配属工程车的日常停放、基地的行政技术和后勤管理工作等任务。若为大架修车辆段，指标可结合实际情况确定。

（2）分部指标表

基地中心指标表如表 4.20 所示。

基地中心指标表 表 4.20

编码	工程及费用名称	指标层级	单位	指标（万元/单位）				备注
				建筑	安装	设备	合计	
1.14	运营控制中心		正线公里					近期建设线路利用已建成的湾华控制中心。若为新建控制中心，需结合实际方案测算
1.15	车辆基地	1	正线公里					结合实际设计方案确定
1.15.1	一、车辆段与停车场	2	座					结合实际设计方案确定
1.15.1.1	（一）生产及办公房屋	3	m²	0.4 ~ 0.44	0.08	0.04	0.52 ~ 0.56	结合实际地质情况、设计方案确定
1.15.1.1.1	1. 建筑与装饰	4	m²	0.4 ~ 0.44			0.4 ~ 0.44	
1.15.1.1.2	2. 动力与照明	4	m²		0.045	0.02	0.065	含室外照明
1.15.1.1.3	3. 通风、空调与供暖	4	m²		0.01	0.02	0.03	
1.15.1.1.4	4. 给水排水与消防	4	m²		0.022	0.003	0.025	
1.15.1.1.5	5. 电梯	4	部		10	30	40	
1.15.1.2	（二）工艺设备	3	项					
1.15.1.2.1	1. 定修车辆段常规设备	4	项			12000	12000	
1.15.1.2.2	2. 停车场常规设备	4	项			5000	5000	
1.15.1.2.3	3. 特殊设备	4	台					
1.15.1.2.3.1	（1）不落轮镟床，双轴	5	台			1800	1800	

续表

编码	工程及费用名称	指标层级	单位	指标（万元/单位）				备注
				建筑	安装	设备	合计	
1.15.1.2.3.2	（2）不落轮镟床，单轴	5	台			850	850	
1.15.1.2.3.3	（3）钢轨打磨车	5	台			3300	3300	
1.15.1.2.3.4	（4）钢轨探伤车	5	台			3500	3500	
1.15.1.2.3.5	（5）全自动运行列车驾驶仿真培训系统	5	套			881	881	
1.15.1.2.3.6	（6）仿真培训系统	5	套			500	500	
1.15.1.3	（三）附属工程	3	项					
1.15.1.3.1	1.检查坑	4	项					含在生产及办公房屋中
1.15.1.3.2	2.地基处理	4	项					
1.15.1.3.2.1	（1）桩板结构地基	4	m²	0.2			0.2	按桩板结构地基处理范围计算
1.15.1.3.3	3.边坡加固与防护	4	项					
1.15.1.3.3.1	（1）护坡	5	m²	0.05～0.07			0.05～0.07	按坡面面积计算
1.15.1.3.4	4.土石方	4	m³	0.008			0.008	
1.15.1.3.5	5.场区道路	4	m²	0.06			0.06	
1.15.1.3.6	6.桥梁（人行天桥）	4	m²	0.4			0.4	
1.15.1.3.7	7.涵洞	4	m²					如有，按实际方案测算
1.15.1.3.8	8.室外综合管线	4	项		3000～5500			含综合管沟、室外给水排水等
1.15.1.3.9	9.场区绿化	4	m²		0.018～0.022			

续表

编码	工程及费用名称	指标层级	单位	指标（万元/单位）				备注
				建筑	安装	设备	合计	
1.15.1.3.10	10. 其他	4	项					
1.15.1.3.10.1	（1）大门	5	项	40			40	
1.15.1.3.10.2	（2）围蔽	5	m²	0.025			0.025	
1.15.1.3.10.3	（3）站场排水	5	项	1200 ~ 1600				
1.15.1.3.10.4	（4）标志导向	5	项	100			100	
1.15.1.3.10.5	（5）材料堆场、地面硬化、停车场、运动场等	5	m²	0.05			0.05	
1.15.1.3.10.6	（6）调蓄水池	5	项	1100 ~ 1400				
1.15.1.3.10.7	（7）厨房设备及燃气工程	5	项	500 ~ 600				

15. 人防工程

（1）说明

人防门指标以站为单位计算。

防淹门指标以扇为单位计算。指标中防淹门设置于车站端部，为下落式闸门，孔口尺寸（宽 × 高）为 4000mm×4560mm。

（2）分部指标表

人防工程指标表如表 4.21 所示。

人防工程指标表　　　　　　　　　　　　　　　　　　表 4.21

编码	工程及费用名称	指标层级	单位	指标（万元/单位）			备注
				安装	设备	合计	
1.16	人防		正线公里				
1.16.1	一、人防门	1	站	500	500		
1.16.2	二、防淹门	2	扇	120	120		

（三）专项指标—土建

结合项目实际运用需要，分为静态指标（专项措施静态指标表）和调整模型两种模式供选择。

1. 指标说明

专项指标主要用于测算建（构）筑物保护及加固措施费。

静态与调整模型指标均包含人工、材料、机械、管理、利润、措施、税金等完成该项内容所需要的全费用价格。

2. 专项措施静态指标表

（1）常规加固措施

专项措施静态指标表如表 4.22 所示。

专项措施静态指标表　　　　　　　　表 4.22

编号	工程及费用名称	规格	单位	静态指标（万元/单位）
Z-001	三轴搅拌桩	（水泥掺量 8%）	m/ 三轴	0.0298
Z-002		（水泥掺量 18%）	m/ 三轴	0.0498
Z-003		（水泥掺量 20%）	m/ 三轴	0.0538
Z-004		（水泥掺量 22%）	m/ 三轴	0.0578
Z-005	单轴搅拌桩（直径 600）	（水泥掺量 8%）	m	0.0068
Z-006		（水泥掺量 15%）	m	0.0094
Z-007		（水泥掺量 18%）	m	0.0106
Z-008		（水泥掺量 20%）	m	0.0113
Z-009		（水泥掺量 22%）	m	0.0121
Z-010	单轴搅拌桩（直径 800）	（水泥掺量 8%）	m	0.0091
Z-011		（水泥掺量 15%）	m	0.0139
Z-012		（水泥掺量 18%）	m	0.0159
Z-013		（水泥掺量 20%）	m	0.0172
Z-014		（水泥掺量 22%）	m	0.0186

编号	工程及费用名称	规格	单位	静态指标 （万元／单位）
Z-015	高压喷射注浆桩 （双管旋喷桩 $d600$）	（水泥掺量25%）	m	0.0392
Z-016		（水泥掺量30%）	m	0.0411
Z-017		（水泥掺量35%）	m	0.043
Z-018		（水泥掺量40%）	m	0.0449
Z-019	旋喷桩（空桩）		m	0.0052
Z-020	高压喷射注浆桩 （双管旋喷桩 $d800$）	（水泥掺量25%）	m	0.0465
Z-021		（水泥掺量30%）	m	0.0499
Z-022		（水泥掺量35%）	m	0.0533
Z-023		（水泥掺量40%）	m	0.0567
Z-024	高压喷射注浆桩 （三管旋喷桩 $d600$）	（水泥掺量25%）	m	0.0469
Z-025		（水泥掺量30%）	m	0.0488
Z-026		（水泥掺量35%）	m	0.0507
Z-027		（水泥掺量40%）	m	0.0526
Z-028	高压喷射注浆桩 （三管旋喷桩 $d800$）	（水泥掺量25%）	m	0.0542
Z-029		（水泥掺量30%）	m	0.0576
Z-030		（水泥掺量35%）	m	0.061
Z-031		（水泥掺量40%）	m	0.0644
Z-032	注浆管注浆		m	0.0079
Z-033	袖阀管注浆（水泥浆）		m³	0.0845
Z-034	袖阀管注浆（水泥砂浆）		m³	0.0892
Z-035	洞内小导管（$\phi50$）		m	0.0076
Z-036	洞内注浆（水泥浆）		m³	0.0918
Z-037	洞内注浆（水泥砂浆）		m³	0.0777
Z-038	洞内注浆（水泥水玻璃）		m³	0.1326

（2）冷冻法加固措施造价估算模型

造价 = 定值 + 变量 × 联络通道长度

冷冻法加固措施造价估值表如表 4.23 所示。

冷冻法加固措施造价估算表　　表 4.23

类型	定值	变量	联络通道长度（m）	造价（元）
联络通道线间距＜20m 且不带泵房	1946336.05	63507.79		
联络通道线间距＜20m 且带泵房	2027669.52	75462.22		
联络通道线间距＞20m 且带泵房	2433525.65	76146.91		
联络通道线间距＞20m 且不带泵房	2433525.65	78330.29		

3. 专项指标调整模型

（1）加固桩指标调整模型

指标 = 定值 + 人工定值 × 人工调整系数 + 水泥系数 × 水泥含量 × 当期水泥单价

专项措施指标计算表如表 4.24 所示。

专项措施指标计算表　　表 4.24

类型	定值	人工定值	人工调整系数	水泥系数	水泥含量	水泥单价（元/t）	指标（元）	单位
三轴搅拌桩	115.68	35.73		3.52				m/ 三轴
单轴搅拌桩（φ600）	28.18	13.39		0.666				m
双管旋喷桩（φ600）	136.16	160.27		0.666				m
双管旋喷桩（φ800）	136.16	160.27		1.18				m
三管旋喷桩（φ600）	193.75	178.06		0.666				m
三管旋喷桩（φ800）	193.75	178.06		1.18				m

注：人工调整系数可参考当地发布的相关数据。

（2）洞内加固指标调整模型

指标 = 定值 + 人工定值 × 人工调整系数 + ∑ 材料系数 × 当期材料单价

洞内加固措施指标计算表如表 4.25 所示。

洞内加固措施指标计算表　　　　　表 4.25

类型	定值	人工定值	人工调整系数	材料系数 K		材料单价	指标（元）	单位
				K_1	K_2			
注浆（水泥浆）	165.23	224.08		0.99				m^3
注浆（双液浆）	177.29	271.69		0.57	509.34			m^3
注浆（水泥砂浆）	96.78	224.08		1.32				m^3

注：1. 注浆（水泥浆）的材料为水泥，注浆（水泥砂浆）的材料为水泥砂浆，注浆（双液浆）的材料为水泥和水玻璃；

　　2. 注浆（双浆液）的材料系数 K_1 为水泥系数，K_2 为水玻璃系数；

　　3. 水泥、水玻璃材料单价的单位为元 /t，水泥砂浆的材料单价的单位为元 /m^3。

五、附录

附录一：车站和区间特征

标准站工程特征（地连墙）　　　　　　　　表 5.1

序号	工程项目名称	单位	特征	备注
1	类型（车站）		地下两层标准站	地下两层标准站 / 带配线 / 三层岛式车站 / 节点换乘站 / 通道换乘 / 高架
	类型（站台）		岛式	岛式 / 侧式 / 双岛式
2	车站长	m	209 ～ 220	
3	车站宽	m	19.2 ～ 22	
4	基坑深	m	16.8 ～ 20.7	
5	车站层数	层	2	
6	车站顶板覆土	m	2 ～ 4	
7	车站主体施工方法		明挖	明挖 / 半盖挖 / 暗挖
8	主体围护（支护）结构形式		1000mm 厚地下连续墙	800mm 厚地下连续墙、1000mm 厚地下连续墙、钻孔（排）桩桩径 120cm、钻孔（排）桩桩径 100cm；锚索及土钉墙等
	主体围护含钢量	kg/m^3	170 ～ 180	
	入岩		中风化：　　m 微风化：　　m	
	单位面积围护结构混凝土含量	m^3/m^2	1.086	地连墙或钻孔桩混凝土除以车站主体建筑面积（不含附属建筑面积）

续表

序号	工程项目名称	单位	特征	备注
9	车站总建筑面积	m²	11528 ～ 12960	
其中：	（1）主体建筑面积	m²	8282 ～ 11378	
	（2）出入口通道建筑面积	m²	984 ～ 1723	
	（3）风道建筑面积	m²	404 ～ 1008	
	（4）配线建筑面积	m²		配线全部建筑面积
10	出入口地面建筑个数	座	4	
11	紧急疏散口	个	1	
12	风亭地面建筑个数	组	2	
13	编制依据	定额：		如：《广东省城市轨道交通综合定额》(2018)
		信息价：		如：佛山市 2021 年 1 季度信息价
14	包含的工作内容	1. 车站和区间的分界点在结构分界处； 2. 包括车站和车站两端折返线、停车线、渡线、存车线的主体结构、附属结构、施工监测、降水；车站装修、附属设施包括标识导向、站内外附属设施（包括站前广场、自行车停车场、环保绿化、隔离设施及其他配套建筑），不含车站通风空调、给水排水、动力照明和加固或建（构）筑物保护措施		

标准站工程特征（钻孔桩）　　　　　　　　表 5.2

序号	工程项目名称	单位	特征	备注
1	类型（车站）		地下两层标准站	地下两层标准站／带配线／三层岛式车站／节点换乘站／通道换乘／高架
	类型（站台）		岛式	岛式／侧式／双岛式
2	车站长	m	208 ～ 224	
3	车站宽	m	19.700	
4	基坑深	m	16.58 ～ 21.54	
5	车站层数	层	2	
6	车站顶板覆土	m	2 ～ 4	

续表

序号	工程项目名称	单位	特征	备注
7	车站主体施工方法		明挖	明挖／半盖挖／暗挖
8	主体围护（支护）结构形式		钻孔（排）桩桩径100cm	800mm厚地下连续墙、1000mm厚地下连续墙、钻孔（排）桩桩径120cm、钻孔（排）桩桩径100cm；锚索及土钉墙等
	主体围护含钢量	kg/m³	180～200	
	入岩		中风化：　m 微风化：　m	
	单位面积围护结构混凝土含量	m³/m²	0.771	地连墙或钻孔桩混凝土除以车站主体建筑面积（不含附属建筑面积）
9	车站总建筑面积	m²	11528～12960	
其中：	（1）主体建筑面积	m²	8282～11378	
	（2）出入口通道建筑面积	m²	984～1723	
	（3）风道建筑面积	m²	404～1008	
	（4）配线建筑面积	m²		配线全部建筑面积
10	出入口地面建筑个数	座	4	
11	紧急疏散口	个	1	
12	风亭地面建筑个数	组	2	
13	编制依据		定额：	如：《广东省城市轨道交通综合定额》（2018）
			信息价：	如：佛山市2021年1季度信息价
14	包含的工作内容		1. 车站和区间的分界点在结构分界处； 2. 包括车站和车站两端折返线、停车线、渡线、存车线的主体结构、附属结构、施工监测、降水；车站装修、附属设施包括标识导向、站内外附属设施（包括站前广场、自行车停车场、环保绿化、隔离设施及其他配套建筑），不含车站通风空调、给水排水、动力照明和加固或建（构）筑物保护措施	

带配线站工程特征（半盖挖）   表 5.3

序号	工程项目名称	单位	特征	备注
1	类型（车站）		带配线车站	地下两层标准站／带配线／三层岛式车站／节点换乘站／通道换乘／高架
	类型（站台）		岛式	岛式／侧式／双岛式
2	车站长	m	268～485	
3	车站宽	m	19.2～21.7	
4	基坑深	m	16.6～20	
5	车站层数	层	2	
6	车站顶板覆土	m	3～5	
7	车站主体施工方法		半盖挖	明挖／半盖挖／暗挖
8	主体围护（支护）结构形式		800mm 厚地下连续墙	800mm 厚地下连续墙、1000mm 厚地下连续墙、钻孔（排）桩桩径 120cm、钻孔（排）桩桩径 100cm；锚索及土钉墙等
	主体围护含钢量	kg/m³	165～203	
	入岩		中风化：　m 微风化：　m	
	单位面积围护结构混凝土含量	m³/m²	0.812	地连墙或钻孔桩混凝土除以车站主体建筑面积（不含附属建筑面积）
9	车站总建筑面积	m²	13789～26697	
其中：	（1）主体建筑面积	m²	10625～20146	
	（2）出入口通道建筑面积	m²	979～3681	
	（3）风道建筑面积	m²	2～5	
	（4）配线建筑面积	m²	3650	配线全部建筑面积
10	出入口地面建筑个数	座	2～5	
11	紧急疏散口	个	0～3	
12	风亭地面建筑个数	组	1～3	
13	编制依据		定额：	如：《广东省城市轨道交通综合定额》（2018）
			信息价：	如：佛山市 2021 年 1 季度信息价

续表

序号	工程项目名称	单位	特征	备注
14	包含的工作内容		1. 车站和区间的分界点在结构分界处； 2. 包括车站和车站两端折返线、停车线、渡线、存车线的主体结构、附属结构、施工监测、降水；车站装修、附属设施包括标识导向、站内外附属设施（包括站前广场、自行车停车场、环保绿化、隔离设施及其他配套建筑），不含车站通风空调、给水排水、动力照明和加固或建（构）筑物保护措施	

带配线站工程特征（钻孔桩） 表 5.4

序号	工程项目名称	单位	特征	备注
1	类型（车站）		带配线车站	地下两层标准站/带配线/三层岛式车站/节点换乘站/通道换乘/高架
	类型（站台）		岛式	岛式/侧式/双岛式
2	车站长	m	268～485	
3	车站宽	m	19.2～21.7	
4	基坑深	m	16.6～20	
5	车站层数	层	2	
6	车站顶板覆土	m	3～5	
7	车站主体施工方法		明挖	明挖/半盖挖/暗挖
8	主体围护（支护）结构形式		钻孔（排）桩桩径100cm	800mm厚地下连续墙、1000mm厚地下连续墙、钻孔（排）桩桩径120cm、钻孔（排）桩桩径100cm；锚索及土钉墙等
	主体围护含钢量	kg/m³	165～203	
	入岩		中风化： m 微风化： m	
	单位面积围护结构混凝土含量	m³/m²	0.836～1.173	地连墙或钻孔桩混凝土除以车站主体建筑面积（不含附属建筑面积）
9	车站总建筑面积	m²	13789～26697	
其中：	（1）主体建筑面积	m²	10625～20146	
	（2）出入口通道建筑面积	m²	979～3681	

续表

序号	工程项目名称	单位	特征	备注
其中：	（3）风道建筑面积	m²	2～5	
	（4）配线建筑面积	m²	3650	配线全部建筑面积
10	出入口地面建筑个数	座	2～5	
11	紧急疏散口	个	0～3	
12	风亭地面建筑个数	组	1～3	
13	编制依据		定额：	如：《广东省城市轨道交通综合定额》（2018）
			信息价：	如：佛山市2021年1季度信息价
14	包含的工作内容		1. 车站和区间的分界点在结构分界处； 2. 包括车站和车站两端折返线、停车线、渡线、存车线的主体结构、附属结构、施工监测、降水；车站装修、附属设施包括标识导向、站内外附属设施（包括站前广场、自行车停车场、环保绿化、隔离设施及其他配套建筑），不含车站通风空调、给水排水、动力照明和加固或建（构）筑物保护措施	

带配线站工程特征（带单渡线）　　　　　表 5.5

序号	工程项目名称	单位	特征	备注
1	类型（车站）		带配线车站带单渡线	地下两层标准站/带配线/三层岛式车站/节点换乘站/通道换乘/高架
	类型（站台）		岛式	岛式/侧式/双岛式
2	车站长	m	268～485	
3	车站宽	m	19.2～21.7	
4	基坑深	m	16.6～20	
5	车站层数	层	2	
6	车站顶板覆土	m	2～4	
7	车站主体施工方法		明挖	明挖/半盖挖/暗挖
8	主体围护（支护）结构形式		钻孔（排）桩桩径100cm	800mm厚地下连续墙、1000mm厚地下连续墙、钻孔（排）桩桩径120cm、钻孔（排）桩桩径100cm；锚索及土钉墙等

续表

序号	工程项目名称	单位	特征	备注
	主体围护含钢量	kg/m³	165 ~ 203	
8	入岩		中风化： m 微风化： m	
	单位面积围护结构混凝土含量	m³/m²	0.800	地连墙或钻孔桩混凝土除以车站主体建筑面积（不含附属建筑面积）
9	车站总建筑面积	m²	13789 ~ 26697	
其中：	（1）主体建筑面积	m²	10625 ~ 20146	
	（2）出入口通道建筑面积	m²	979 ~ 3681	
	（3）风道建筑面积	m²	2 ~ 5	
	（4）配线建筑面积	m²	3650	配线全部建筑面积
10	出入口地面建筑个数	座	2 ~ 5	
11	紧急疏散口	个	0 ~ 3	
12	风亭地面建筑个数	组	1 ~ 3	
13	编制依据		定额：	如：《广东省城市轨道交通综合定额》(2018)
			信息价：	如：佛山市 2021 年 1 季度信息价
14	包含的工作内容		1. 车站和区间的分界点在结构分界处；2. 包括车站和车站两端折返线、停车线、渡线、存车线的主体结构、附属结构、施工监测、降水；车站装修、附属设施包括标识导向、站内外附属设施（包括站前广场、自行车停车场、环保绿化、隔离设施及其他配套建筑），不含车站通风空调、给水排水、动力照明和加固或建（构）筑物保护措施	

侧式站工程特征（地下二层）　　　　　　　　　　表 5.6

序号	工程项目名称	单位	特征	备注
1	类型（车站）		地下侧式车站	地下两层标准站 / 带配线 / 三层岛式车站 / 节点换乘站 / 通道换乘 / 高架
	类型（站台）		侧式	岛式 / 侧式 / 双岛式
2	车站长	m	155 ~ 586	
3	车站宽	m	36 ~ 45	

续表

序号	工程项目名称	单位	特征	备注
4	基坑深	m	6.3 ～ 29	
5	车站层数	层	2	
6	车站顶板覆土	m	1 ～ 4	
7	车站主体施工方法		明挖	明挖／半盖挖／暗挖
8	主体围护（支护）结构形式		800mm 厚地下连续墙	800mm 厚地下连续墙、1000mm 厚地下连续墙、钻孔（排）桩桩径 120cm、钻孔（排）桩桩径 100cm；锚索及土钉墙等
	主体围护含钢量	kg/m³	179 ～ 190	
	入岩		中风化：　　m 微风化：　　m	
	单位面积围护结构混凝土含量	m³/m²	1.133	地连墙或钻孔桩混凝土除以车站主体建筑面积（不含附属建筑面积）
9	车站总建筑面积	m²	14220 ～ 20626	
其中：	（1）主体建筑面积	m²	12345 ～ 19705	
	（2）出入口通道建筑面积	m²	1133 ～ 1478	
	（3）风道建筑面积	m²	176 ～ 922	
	（4）配线建筑面积	m²		配线全部建筑面积
10	出入口地面建筑个数	座	2 ～ 4	
11	紧急疏散口	个	0 ～ 1	
12	风亭地面建筑个数	组	2	
13	编制依据		定额：	如：《广东省城市轨道交通综合定额》（2018）
			信息价：	如：佛山市 2021 年 1 季度信息价
14	包含的工作内容		1. 车站和区间的分界点在结构分界处； 2. 包括车站和车站两端折返线、停车线、渡线、存车线的主体结构、附属结构、施工监测、降水；车站装修、附属设施包括标识导向、站内外附属设施（包括站前广场、自行车停车场、环保绿化、隔离设施及其他配套建筑），不含车站通风空调、给水排水、动力照明和加固或建（构）筑物保护措施	

侧式站工程特征（地下三层）　　　　表 5.7

序号	工程项目名称	单位	特征	备注
1	类型（车站）		地下侧式车站	地下两层标准站 / 带配线 / 三层岛式车站 / 节点换乘站 / 通道换乘 / 高架
	类型（站台）		侧式	岛式 / 侧式 / 双岛式
2	车站长	m	155～586	
3	车站宽	m	36～45	
4	基坑深	m	6.3～29	
5	车站层数	层	3	
6	车站顶板覆土	m	3～5	
7	车站主体施工方法		明挖	明挖 / 半盖挖 / 暗挖
8	主体围护（支护）结构形式		800mm 厚地下连续墙	800mm 厚地下连续墙、1000mm 厚地下连续墙、钻孔（排）桩桩径 120cm、钻孔（排）桩桩径 100cm；锚索及土钉墙等
	主体围护含钢量	kg/m^3	179～190	
	入岩		中风化：　m 微风化：　m	
	单位面积围护结构混凝土含量	m^3/m^2	0.992	地连墙或钻孔桩混凝土除以车站主体建筑面积（不含附属建筑面积）
9	车站总建筑面积	m^2	14220～20626	
其中：	（1）主体建筑面积	m^2	12345～19705	
	（2）出入口通道建筑面积	m^2	1133～1478	
	（3）风道建筑面积	m^2	176～922	
	（4）配线建筑面积	m^2		配线全部建筑面积
10	出入口地面建筑个数	座	2～4	
11	紧急疏散口	个	0～1	
12	风亭地面建筑个数	组	2	
13	编制依据		定额：	如：《广东省城市轨道交通综合定额》（2018）
			信息价：	如：佛山市 2021 年 1 季度信息价

续表

序号	工程项目名称	单位	特征	备注
14	包含的工作内容		1. 车站和区间的分界点在结构分界处； 2. 包括车站和车站两端折返线、停车线、渡线、存车线的主体结构、附属结构、施工监测、降水；车站装修、附属设施包括标识导向、站内外附属设施（包括站前广场、自行车停车场、环保绿化、隔离设施及其他配套建筑），不含车站通风空调、给水排水、动力照明和加固或建（构）筑物保护措施	

地下三层站工程特征　　　　　　　　　　　表 5.8

序号	工程项目名称	单位	特征	备注
1	类型（车站）		地下三层岛式车站	地下两层标准站 / 带配线 / 三层岛式车站 / 节点换乘站 / 通道换乘 / 高架
	类型（站台）		岛式	岛式 / 侧式 / 双岛式
2	车站长	m	160 ～ 211	
3	车站宽	m	20.1 ～ 22.1	
4	基坑深	m	23.63 ～ 24.64	
5	车站层数	层	3	
6	车站顶板覆土	m	3 ～ 5	
7	车站主体施工方法		明挖	明挖 / 半盖挖 / 暗挖
8	主体围护（支护）结构形式		1000mm 厚地下连续墙	800mm 厚地下连续墙、1000mm 厚地下连续墙、钻孔（排）桩桩径120cm、钻孔（排）桩桩径 100cm；锚索及土钉墙等
	主体围护含钢量	kg/m³	180 ～ 219	
	入岩		中风化：　　m 微风化：　　m	
	单位面积围护结构混凝土含量	m³/m²	0.959	地连墙或钻孔桩混凝土除以车站主体建筑面积（不含附属建筑面积）
9	车站总建筑面积	m²	14310 ～ 17428	
其中：	（1）主体建筑面积	m²	10726 ～ 13846	
	（2）出入口通道建筑面积	m²	1316 ～ 3046	
	（3）风道建筑面积	m²	538 ～ 2427	

续表

序号	工程项目名称	单位	特征	备注
其中：	（4）配线建筑面积	m²		配线全部建筑面积
10	出入口地面建筑个数	座	3～4	
11	紧急疏散口	个	0～1	
12	风亭地面建筑个数	组	2	
13	编制依据		定额：	如：《广东省城市轨道交通综合定额》（2018）
			信息价：	如：佛山市2021年1季度信息价
14	包含的工作内容		1. 车站和区间的分界点在结构分界处； 2. 包括车站和车站两端折返线、停车线、渡线、存车线的主体结构、附属结构、施工监测、降水；车站装修、附属设施包括标识导向、站内外附属设施（包括站前广场、自行车停车场、环保绿化、隔离设施及其他配套建筑），不含车站通风空调、给水排水、动力照明和加固或建（构）筑物保护措施	

节点换乘站工程特征（带单渡线）　　　　　表 5.9

序号	工程项目名称	单位	特征	备注
1	类型（车站）		节点换乘站带单渡线	地下两层标准站/带配线/三层岛式车站/节点换乘站/通道换乘/高架
	类型（站台）		岛式	岛式/侧式/双岛式
2	车站长	m	155～586	
3	车站宽	m	22.7～23.3	
4	基坑深	m	17～27	
5	车站层数	层	2～3	
6	车站顶板覆土	m	3～5	
7	车站主体施工方法		明挖	明挖/半盖挖/暗挖
8	主体围护（支护）结构形式		800mm厚地下连续墙	800mm厚地下连续墙、1000mm厚地下连续墙、钻孔（排）桩桩径120cm、钻孔（排）桩桩径100cm；锚索及土钉墙等

续表

序号	工程项目名称	单位	特征	备注
8	主体围护含钢量	kg/m³	180.000	
	入岩		中风化：　m 微风化：　m	
	单位面积围护结构混凝土含量	m³/m²	0.927 ～ 1.071	地连墙或钻孔桩混凝土除以车站主体建筑面积（不含附属建筑面积）
9	车站总建筑面积	m²	20657.16 ～ 26390.6	
其中：	（1）主体建筑面积	m²	14252.45 ～ 21906	
	（2）出入口通道建筑面积	m²	2509.9 ～ 6404.71	
	（3）风道建筑面积	m²	148 ～ 1974.7	
	（4）配线建筑面积	m²		配线全部建筑面积
10	出入口地面建筑个数	座	4	
11	紧急疏散口	个	0 ～ 1	
12	风亭地面建筑个数	组	2	
13	编制依据		定额：	如：《广东省城市轨道交通综合定额》（2018）
			信息价：	如：佛山市 2021 年 1 季度信息价
14	包含的工作内容		1. 车站和区间的分界点在结构分界处； 2. 包括车站和车站两端折返线、停车线、渡线、存车线的主体结构、附属结构、施工监测、降水；车站装修、附属设施包括标识导向、站内外附属设施（包括站前广场、自行车停车场、环保绿化、隔离设施及其他配套建筑），不含车站通风空调、给水排水、动力照明和加固或建（构）筑物保护措施	

节点换乘站工程特征（双存车线）　　　　　　　　　表 5.10

序号	工程项目名称	单位	特征	备注
1	类型（车站）		节点换乘站双存车线	地下两层标准站／带配线／三层岛式车站／节点换乘站／通道换乘／高架
	类型（站台）		岛式	岛式／侧式／双岛式
2	车站长	m	532	

续表

序号	工程项目名称	单位	特征	备注
3	车站宽	m	23	
4	基坑深	m	18	
5	车站层数	层	2	
6	车站顶板覆土	m	3～5	
7	车站主体施工方法		明挖	明挖／半盖挖／暗挖
8	主体围护（支护）结构形式		800mm 厚地下连续墙	800mm 厚地下连续墙、1000mm 厚地下连续墙、钻孔（排）桩桩径120cm、钻孔（排）桩桩径100cm；锚索及土钉墙等
	主体围护含钢量	kg/m³	230	
	入岩		中风化： m 微风化： m	
	单位面积围护结构混凝土含量	m³/m²	0.916	地连墙或钻孔桩混凝土除以车站主体建筑面积（不含附属建筑面积）
9	车站总建筑面积	m²	12139～42270	
其中：	（1）主体建筑面积	m²	11168～37420	
	（2）出入口通道建筑面积	m²	454～3488	
	（3）风道建筑面积	m²	574～2400	
	（4）配线建筑面积	m²		配线全部建筑面积
10	出入口地面建筑个数	座	2～4	
11	紧急疏散口	个	1	
12	风亭地面建筑个数	组	2～3	
13	编制依据		定额：	如：《广东省城市轨道交通综合定额》（2018）
			信息价：	如：佛山市 2021 年 1 季度信息价
14	包含的工作内容		1. 车站和区间的分界点在结构分界处； 2. 包括车站和车站两端折返线、停车线、渡线、存车线的主体结构、附属结构、施工监测、降水；车站装修、附属设施包括标识导向、站内外附属设施（包括站前广场、自行车停车场、环保绿化、隔离设施及其他配套建筑），不含车站通风空调、给水排水、动力照明和加固或建（构）筑物保护措施	

节点换乘站工程特征（地连墙）　　　　　　　　表 5.11

序号	工程项目名称	单位	特征	备注
1	类型（车站）		节点换乘站	地下两层标准站/带配线/三层岛式车站/节点换乘站/通道换乘/高架
	类型（站台）		岛式	岛式/侧式/双岛式
2	车站长	m	193～525	
3	车站宽	m	23～57	
4	基坑深	m	12.3～19	
5	车站层数	层	2	
6	车站顶板覆土	m	2～4	
7	车站主体施工方法		明挖	明挖/半盖挖/暗挖
8	主体围护（支护）结构形式		800mm厚地下连续墙	800mm厚地下连续墙、1000mm厚地下连续墙、钻孔（排）桩桩径120cm、钻孔（排）桩桩径100cm；锚索及土钉墙等
	主体围护含钢量	kg/m^3	160～195	
	入岩		中风化：　　m 微风化：　　m	
	单位面积围护结构混凝土含量	m^3/m^2	0.986～1.050	地连墙或钻孔桩混凝土除以车站主体建筑面积（不含附属建筑面积）
9	车站总建筑面积	m^2	12139～42270	
其中：	（1）主体建筑面积	m^2	11168～37420	
	（2）出入口通道建筑面积	m^2	454～3488	
	（3）风道建筑面积	m^2	574～2400	
	（4）配线建筑面积	m^2		配线全部建筑面积
10	出入口地面建筑个数	座	1～5	
11	紧急疏散口	个	1～2	
12	风亭地面建筑个数	组	2～5	

续表

序号	工程项目名称	单位	特征	备注
13	编制依据		定额：	如：《广东省城市轨道交通综合定额》（2018）
			信息价：	如：佛山市2021年1季度信息价
14	包含的工作内容		1. 车站和区间的分界点在结构分界处； 2. 包括车站和车站两端折返线、停车线、渡线、存车线的主体结构、附属结构、施工监测、降水；车站装修、附属设施包括标识导向、站内外附属设施（包括站前广场、自行车停车场、环保绿化、隔离设施及其他配套建筑），不含车站通风空调、给水排水、动力照明和加固或建（构）筑物保护措施	

通道换乘站工程特征（地下二层）　　　　　　　　表5.12

序号	工程项目名称	单位	特征	备注
1	类型（车站）		通道换乘站 地下二层	地下两层标准站/带配线/三层岛式车站/节点换乘站/通道换乘/高架
	类型（站台）		岛式	岛式/侧式/双岛式
2	车站长	m	165～385	
3	车站宽	m	19.7～50.3	
4	基坑深	m	15.7～23.9	
5	车站层数	层	2～3	
6	车站顶板覆土	m	2～4	
7	车站主体施工方法		明挖	明挖/半盖挖/暗挖
8	主体围护（支护）结构形式		800mm厚地下连续墙、1000mm厚地下连续墙、100cm钻孔桩钻	800mm厚地下连续墙、1000mm厚地下连续墙、钻孔（排）桩桩径120cm、钻孔（排）桩桩径100cm；锚索及土钉墙等
	主体围护含钢量	kg/m³	160～185	
	入岩		中风化：　m 微风化：　m	
	单位面积围护结构混凝土含量	m³/m²	1.054～1.330	地连墙或钻孔桩混凝土除以车站主体建筑面积（不含附属建筑面积）
9	车站总建筑面积	m²	11195～22027	

续表

序号	工程项目名称	单位	特征	备注
其中：	（1）主体建筑面积	m²	8698～15495	
	（2）出入口通道建筑面积	m²	735～2519	
	（3）风道建筑面积	m²	900～4014	
	（4）配线建筑面积	m²		配线全部建筑面积
10	出入口地面建筑个数	座	3～4	
11	紧急疏散口	个	1～2	
12	风亭地面建筑个数	组	1～3	
13	编制依据		定额：	如：《广东省城市轨道交通综合定额》（2018）
			信息价：	如：佛山市2021年1季度信息价
14	包含的工作内容		1. 车站和区间的分界点在结构分界处； 2. 包括车站和车站两端折返线、停车线、渡线、存车线的主体结构、附属结构、施工监测、降水；车站装修、附属设施包括标识导向、站内外附属设施（包括站前广场、自行车停车场、环保绿化、隔离设施及其他配套建筑），不含车站通风空调、给水排水、动力照明和加固或建（构）筑物保护措施	

通道换乘站工程特征（地下三层）　　　　　　　　　表 5.13

序号	工程项目名称	单位	特征	备注
1	类型（车站）		通道换乘站地下三层	地下两层标准站/带配线/三层岛式车站/节点换乘站/通道换乘/高架
	类型（站台）		岛式	岛式/侧式/双岛式
2	车站长	m	189.000	
3	车站宽	m	21.900	
4	基坑深	m	22.58～23.8	
5	车站层数	层	3	
6	车站顶板覆土	m	3～5	

续表

序号	工程项目名称	单位	特征	备注
7	车站主体施工方法		明挖	明挖/半盖挖/暗挖
8	主体围护（支护）结构形式		800mm 厚地下连续墙	800mm 厚地下连续墙、1000mm 厚地下连续墙、钻孔（排）桩桩径 120cm、钻孔（排）桩桩径 100cm；锚索及土钉墙等
	主体围护含钢量	kg/m³	160～185	
	入岩		中风化：　m 微风化：　m	
	单位面积围护结构混凝土含量	m³/m²	0.952	地连墙或钻孔桩混凝土除以车站主体建筑面积（不含附属建筑面积）
9	车站总建筑面积	m²	11195～22027	
其中：	（1）主体建筑面积	m²	8698～15495	
	（2）出入口通道建筑面积	m²	735～2519	
	（3）风道建筑面积	m²	150～900	
	（4）配线建筑面积	m²		配线全部建筑面积
10	出入口地面建筑个数	座	2～3	
11	紧急疏散口	个	1～2	
12	风亭地面建筑个数	组	1	
13	编制依据		定额：	如：《广东省城市轨道交通综合定额》(2018)
			信息价：	如：佛山市 2021 年 1 季度信息价
14	包含的工作内容		1. 车站和区间的分界点在结构分界处； 2. 包括车站和车站两端折返线、停车线、渡线、存车线的主体结构、附属结构、施工监测、降水；车站装修、附属设施包括标识导向、站内外附属设施（包括站前广场、自行车停车场、环保绿化、隔离设施及其他配套建筑），不含车站通风空调、给水排水、动力照明和加固或建（构）筑物保护措施	

通道换乘站工程特征（钻孔桩） 表 5.14

序号	工程项目名称	单位	特征	备注
1	类型（车站）		通道换乘站钻孔桩	地下两层标准站／带配线／三层岛式车站／节点换乘站／通道换乘／高架
	类型（站台）		岛式	岛式／侧式／双岛式
2	车站长	m	165～385	
3	车站宽	m	19.7～50.3	
4	基坑深	m	15.7～23.9	
5	车站层数	层	2～3	
6	车站顶板覆土	m	3～5	
7	车站主体施工方法		明挖	明挖／半盖挖／暗挖
8	主体围护（支护）结构形式		100cm 钻孔桩钻	800mm 厚地下连续墙、1000mm 厚地下连续墙、钻孔（排）桩桩径120cm、钻孔（排）桩桩径100cm；锚索及土钉墙等
	主体围护含钢量	kg/m³	160～185	
	入岩		中风化： m 微风化： m	
	单位面积围护结构混凝土含量	m³/m²	0.733～1.384	地连墙或钻孔桩混凝土除以车站主体建筑面积（不含附属建筑面积）
9	车站总建筑面积	m²	11195～22027	
其中：	（1）主体建筑面积	m²	8698～15495	
	（2）出入口通道建筑面积	m²	735～2519	
	（3）风道建筑面积	m²	900～4014	
	（4）配线建筑面积	m²		配线全部建筑面积
10	出入口地面建筑个数	座	3～4	
11	紧急疏散口	个	1～2	
12	风亭地面建筑个数	组	1～3	

续表

序号	工程项目名称	单位	特征	备注
13	编制依据		定额：	如：《广东省城市轨道交通综合定额》(2018)
			信息价：	如：佛山市 2021 年 1 季度信息价
14	包含的工作内容		1. 车站和区间的分界点在结构分界处； 2. 包括车站和车站两端折返线、停车线、渡线、存车线的主体结构、附属结构、施工监测、降水；车站装修、附属设施包括标识导向、站内外附属设施（包括站前广场、自行车停车场、环保绿化、隔离设施及其他配套建筑），不含车站通风空调、给水排水、动力照明和加固或建（构）筑物保护措施	

通道换乘站工程特征（带单渡线）　　　　　表 5.15

序号	工程项目名称	单位	特征	备注
1	类型（车站）		通道换乘站带单渡线	地下两层标准站 / 带配线 / 三层岛式车站 / 节点换乘站 / 通道换乘 / 高架
	类型（站台）		岛式	岛式 / 侧式 / 双岛式
2	车站长	m	341 ~ 344	
3	车站宽	m	21 ~ 22	
4	基坑深	m	17.33 ~ 22.1	
5	车站层数	层	2	
6	车站顶板覆土	m	3 ~ 5	
7	车站主体施工方法		明挖	明挖 / 半盖挖 / 暗挖
8	主体围护（支护）结构形式		800mm 厚地下连续墙	800mm 厚地下连续墙、1000mm 厚地下连续墙、钻孔（排）桩桩径 120cm、钻孔（排）桩桩径 100cm；锚索及土钉墙等
	主体围护含钢量	kg/m³	170 ~ 185	
	入岩		中风化：　m 微风化：　m	
	单位面积围护结构混凝土含量	m³/m²	1.100 ~ 1.341	地连墙或钻孔桩混凝土除以车站主体建筑面积（不含附属建筑面积）
9	车站总建筑面积	m²	11195 ~ 22027	

续表

序号	工程项目名称	单位	特征	备注
其中：	（1）主体建筑面积	m²	8698 ～ 15495	
	（2）出入口通道建筑面积	m²	735 ～ 2519	
	（3）风道建筑面积	m²	900 ～ 4014	
	（4）配线建筑面积	m²		配线全部建筑面积
10	出入口地面建筑个数	座	3 ～ 4	
11	紧急疏散口	个	1 ～ 2	
12	风亭地面建筑个数	组	1 ～ 3	
13	编制依据		定额：	如：《广东省城市轨道交通综合定额》（2018）
			信息价：	如：佛山市2021年1季度信息价
14	包含的工作内容		1. 车站和区间的分界点在结构分界处； 2. 包括车站和车站两端折返线、停车线、渡线、存车线的主体结构、附属结构、施工监测、降水；车站装修、附属设施包括标识导向、站内外附属设施（包括站前广场、自行车停车场、环保绿化、隔离设施及其他配套建筑），不含车站通风空调、给水排水、动力照明和加固或建（构）筑物保护措施	

盾构区间工程特征　　　　　　　　　　　　　　表 5.16

序号	工程项目名称	单位	特征	备注
1	类型（区间）		盾构区间	明挖／暗挖／盾构／高架
2	区间特征		盾构管片内径 5.5m，外径 6.2m	
3	区间主体施工方法		土压平衡盾构	土压盾构／泥水盾构／双模盾构
4	内径	m	5.500	
5	管片厚度	m	0.350	
6	管片宽度	m	1.500	
7	区间长度	双延米	545.5 ～ 2295	
8	联络通道	座	1 ～ 4	包含 1 个污水泵房

续表

序号	工程项目名称	单位	特征	备注
9	编制依据		定额：	如：《广东省城市轨道交通综合定额》（2018）
			信息价：	如：佛山市 2021 年 1 季度信息价
10	包含的工作内容	盾构机安拆、盾构掘进；干式出土；水力出土；泥水处理；管片制作、拼装；设置密封条、柔性接缝环；衬砌压浆等；隧道内照明、运输、通风、通信、监控、测量等		

高架区间工程特征　　　　　　　　　　　　　表 5.17

序号	工程项目名称	单位	特征	备注
1	类型（区间）		高架区间	明挖/暗挖/盾构/高架
2	区间长度	双延米	580 ～ 1778	
3	桥梁形式		双线桥	单线桥/双线桥/三线桥
4	主体结构梁形式		简支梁	简支梁/连续梁
5	区间主体施工方法		支架	支架/移动模架/挂篮
6	主体基础结构形式		120cm 钻孔灌注桩	钻孔（排）桩桩径 120cm、钻孔（排）桩桩径 150cm
	主体结构含钢量	kg/m³	170 ～ 180	
	入岩		中风化：　m 微风化：　m	
	墩台形式		柱式桥墩、轻型桥台	
	主体基础结构长度	m	20 ～ 40	
7	编制依据		定额：	如：《广东省城市轨道交通综合定额》（2018）
			信息价：	如：佛山市 2021 年 1 季度信息价
8	包含的工作内容		基础及下部结构、上部构造、桥面系等	

明挖区间工程特征 表5.18

序号	工程项目名称	单位	特征		
1	主体围护方式		钻孔桩	连续墙	SMW工法桩
2	围护结构深度	m	9.2～17.8	16～35	0～16
3	区间断面	m×m	14×4.6～23×13	13×7～24×9	13×7～24×9
4	区间平均基坑深度	m	2.2～13.25	5.6～12	5.6～12
5	板顶覆土平均深度	m	0～2	0.6～1.75m	0.6～1.75m
6	顶板/侧墙/底板厚度	mm	900/800/800	800/800/800	800/800/800
7	钢筋含量	kg/m³			
8	钻孔灌注桩围护	kg/m³	180～187		
9	连续墙围护	kg/m³		206～211	
10	SMW工法	kg/m³			91
11	主体结构	kg/m³	148～207	181～183	183
12	编制依据		定额：	如:《广东省城市轨道交通综合定额》(2018)	
			信息价：	如:佛山市2021年1季度信息价	
13	包含的工作内容		围护结构、土石方支撑降水、主体结构、防水、监测、围蔽等		

附录二：各类型车站区间权重表

车站构成要素分析汇总表　　　　　表 5.19

项目				标准站	节点换乘站	通道换乘站	地下三层站	侧式车站	带配线车站	高架站
序号	费用名称	单位	费用代号	占总造价权重						
1	分部分项费	元	A	71.04%	71.16%	70.43%	71.38%	72.66%	72.35%	53.13%
1.1	直接费	元	A1	61.65%	61.83%	61.14%	63.03%	63.12%	62.87%	47.57%
1.1.1	人工费	元	A11	9.67%	10.29%	10.23%	10.87%	10.38%	10.34%	8.16%
1.1.2	材料费	元	A12	38.94%	39.42%	38.81%	39.09%	40.28%	39.87%	34.22%
	钢筋	t	A121	18.10%	19.34%	18.39%	18.82%	20.01%	18.92%	14.93%
	商品混凝土	m³	A122	14.88%	15.07%	15.09%	14.50%	15.30%	14.84%	12.71%
1.1.3	机械费	元	A13	13.04%	12.13%	12.10%	13.07%	12.47%	12.67%	5.20%
1.2	管理费	元	DJ4	4.94%	4.75%	4.76%	3.75%	4.88%	4.83%	2.86%
1.3	利润	元	DJ6	4.76%	4.66%	4.61%	4.67%	4.75%	4.74%	2.77%
2	措施项目费	元	B	7.82%	7.83%	7.89%	7.82%	7.88%	8.20%	3.70%
3	其他项目费	元	C	3.99%	4.60%	3.99%	4.23%	4.83%	3.62%	1.87%
4	税金	元	E	7.47%	7.53%	7.42%	7.52%	7.69%	7.58%	5.29%
5	直接报价项目合计	元	SHXM	9.60%	8.80%	10.19%	8.97%	6.85%	8.17%	35.95%
6	总造价	元	ZZJ	100%	100%	100%	100%	100%	100%	100%

备注：1. 直接报价项目指直接采用指标的开项，如钢支撑租赁费、出入口地面建筑、车站装修、车站附属设施。

　　　2. 费用代号与计价软件"斯维尔城市轨道 2018 广东专业版"取费文件中代号一致。具体软件界面见下页。

斯维尔城市轨道
2018广东专业版

序号	费用名称	费用代号	费用计算表达式	费率(%)
1	分部分项费	A	A1+DJ4+DJ6	
1.1	直接费	A1	A11+A12+A13	
1.1.1	人工费	A11	RGF	
1.1.2	材料费	A12	CLF+ZCF	
1.1.3	机械费	A13	JXF	
1.2	管理费	DJ4	GLF	
1.3	利润	DJ6	A1+DJ4	
2	措施项目费	B	B1+B2+B3	
3	其他项目费	C	C1+C2+C3+F1	
4	规费	D	D1	
5	税金	E	E1	
	直接报价项目合计	SHXM	5000000	
6	总造价	ZZJ	A+B+C+D+E+SHXM	

区间构成要素权重表　　　　　表 5.20

项目		土压平衡盾构区间（管片外径6m）	土压平衡盾构区间（管片外径6.2m）	土压平衡盾构区间（管片外径6.7m）	泥水土压双模盾构区间	泥水平衡盾构区间	高架区间	明挖区间
序号	费用名称	占总造价权重						
1	分部分项费	81.84%	81.85%	82.21%	81.90%	82.37%	73.94%	79.16%
1.1	直接费	69.62%	69.70%	70.01%	69.28%	69.88%	65.90%	69.00%
1.1.1	人工费	13.19%	13.12%	12.08%	11.62%	13.08%	10.27%	12.78%
1.1.2	材料费	38.02%	32.93%	38.62%	29.74%	31.35%	49.51%	45.63%
	钢筋	7.51%	8.84%	8.69%	9.08%	8.69%	22.01%	20.69%
	商品混凝土	6.36%	7.14%	6.55%	7.36%	6.58%	18.16%	18.14%
1.1.3	机械费	18.42%	23.65%	19.32%	27.93%	25.45%	6.12%	10.59%
1.2	管理费	6.88%	6.79%	6.83%	7.26%	7.10%	3.20%	4.99%
1.3	利润	5.34%	5.35%	5.37%	5.36%	5.39%	4.84%	5.18%
2	措施项目费	3.89%	3.87%	3.91%	3.86%	3.85%	10.34%	5.50%
3	其他项目费	2.59%	2.56%	2.60%	2.56%	2.55%	3.46%	3.95%
4	规费	0.09%	0.09%	0.09%	0.09%	0.09%	0.09%	0.09%
5	税金	7.94%	7.95%	7.98%	7.96%	8.00%	7.91%	7.99%
6	直接报价项目	3.67%	3.68%	3.24%	3.65%	3.14%	4.27%	3.32%
7	总造价	100%	100%	100%	100%	100.00%	100%	100%

备注：直接报价项目指采用指标价开项的项目，如盾构机进出场、监测等。

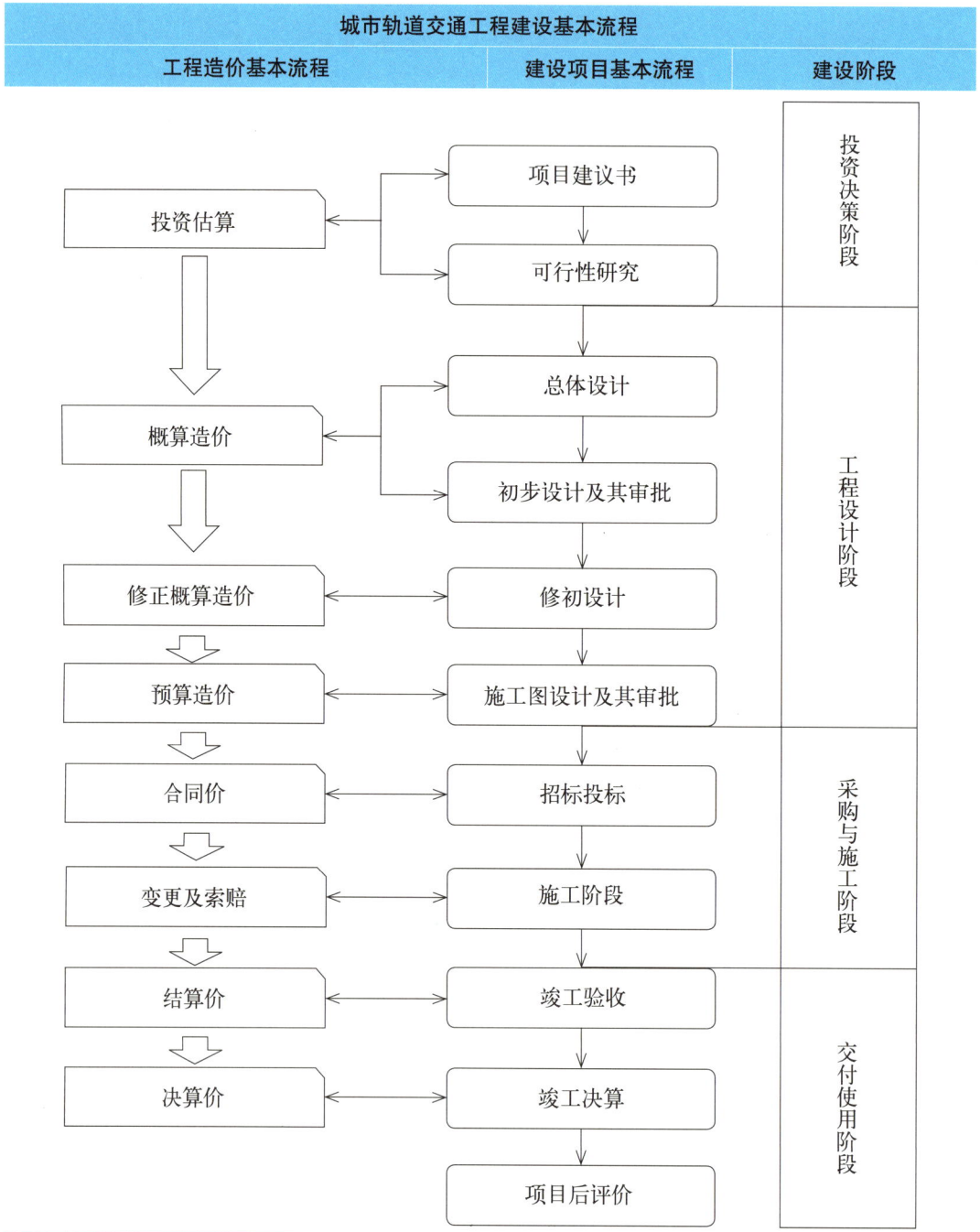

附录三：城市轨道交通工程建设基本流程

城市轨道交通工程建设基本流程   表 5.21

城市轨道交通工程建设基本流程		
工程造价基本流程	建设项目基本流程	建设阶段

工程造价基本流程	建设项目基本流程	建设阶段
投资估算	项目建议书 / 可行性研究	投资决策阶段
概算造价	总体设计 / 初步设计及其审批	工程设计阶段
修正概算造价	修初设计	工程设计阶段
预算造价	施工图设计及其审批	工程设计阶段
合同价	招标投标	采购与施工阶段
变更及索赔	施工阶段	采购与施工阶段
结算价	竣工验收	交付使用阶段
决算价	竣工决算	交付使用阶段
	项目后评价	交付使用阶段